KB114980

여자는 남자가 이럴 때 반한다

여자는 남자가
이럴 때 반한다

detail

여자의 마음을 훔치는 성공 디테일

김소진 지음

글로세움

세상이 당신에게
반하게 만들라!

사람 만나는 일을 직업으로 한 지 20년이 넘다 보니
다양한 분야에서 일하고 있는 사람들을 만났다. 이제는
나의 본업인 커리어를 넘어 그들의 라이프에 대한 코칭
도 의뢰해 오는 경우가 많아졌다. 어떻게 살아야 하는
가부터 자신이 좋아하는 것, 잘하는 것에 대한 고민, 은
퇴 후 삶에 대해서까지 주제의 폭이 넓어졌다. 이직에
성공한 싱글들은 이성 교제에 관한 고민을 털어놓는 경
우가 꽤나 많다. 헤드헌터인 내가 보유하고 있는 검증
된 이력서를 바탕으로 괜찮은 사람을 소개받고자 하는

것이다. 실제로 일하다 만난 괜찮은 사람들 중 아직 이성 친구가 없다고 하면 좋은 사람을 소개해주고 싶은 경우가 더러 있기도 하다.

소개 요청이 많아지면서 이렇게 멋진 남녀들이 어떤 사람을 원하는지 그들의 이야기를 듣게 되었다. 그러면서 그들이 공통적으로 원하는 이상적인 모습을 파악하게 되었고, 그것이 직장이나 사회에서 원하는 인재들의 그것과 다르지 않다는 것을 알 수 있었다.

오랜 기간 구직자부터 직장인, 인사담당자, 성공한 CEO 등 다양한 사람들을 만나면서 누구에게나 사랑받고 주목받는 사람들이 가지고 있는 그들만의 스타일, 습관, 성향 등을 파악할 수 있게 되었다. 얼핏 보면 지극히 평범한 듯 보이지만, 그들은 우리가 알고는 있지만 무심코 지나쳤던 세세하면서도 기본이라 할 수 있는 것들을 놓치지 않았다. 그들의 눈은 빛이 났고, 목소리는 당당했으며, 눈치를 살피기보다 상대를 배려하고, 남들을 따라 하는 것이 아닌 명확한 자신의 기준에 따라 선택하고 끝까지 책임지는 모습을 보였다. 자신에 대한 믿음과 철학, 가치관이 그들을 든든하게 지탱해주고 있었으며 결국 그것들은 밖으로 드러나 빛을 발했다.

이 책《여자는 남자가 이럴 때 반한다》는 단순히 여자는 남자가 이럴 때 반하니 이렇게 하면 호감을 받을 수 있다고 이야기하는 것이 아니다. 여기서 '여자'는 '직장동료, 친구, 가족을 넘어 모든 주변 사람들'을 총칭하는 것이며, '남자'는 '나'를 대변한 것이다. 내용 또한 단지 이성에게 어필하기 위한 덕목을 말하는 것이 아니라 누구에게나 당신을 매력적으로 보이게 하고 차별화 시킬 수 있는 구체적인 것들이다.

훌륭한 스펙에 호감형 외모인데 왜 주변에 사람이 없는지 모르겠는가? 스펙도 되고 업무 능력도 충분한데 왜 인터뷰만 가면 떨어지는지 모르겠는가? 열심히 일하고 있는데 왜 승진이 안 되는지 모르겠다면, 이 책에 나오는 다양한 경험담을 통해 스스로 점검해보길 바란다.

스펙이나 업무 능력은 시간이 지나면 조금씩 향상될 수 있고 키워갈 수도 있다. 하지만 당신이 알고 있었지만 대수롭지 않게 여겼던 것들, 시간이 흐른다고 쉽게 나아지지도 않고 키울 수 있는 것도 아닌 것들, 아무도 대놓고 말해주지 않는 것들도 있다. 당신이 전혀 생각지도 못했던 것에서 실마리를 찾을 수 있기를 바란다.

사람들의 기대와 주목을 받는 이들은 분명 뭔가 다른 점이 있다. 사람과 사람이 함께 하고 싶게 만드는 것은 그 사람이 가진 눈에 보이지 않는 '사람을 끄는 힘' 때문이다. 이제 당신의 매력이 세상 밖으로 나타날 때까지 갈고 닦아 당신을 남과 다르게 보이게 하는 차별화 포인트를 만들어보자. 커리어에서도, 남녀 사이에도, 대인관계에서도, 삶에서도 남의 기준이 아닌 당신의 기준으로 스스로 만족하고 행복한 성공을 이루어 내자.

목차

커뮤니케이션 *communication*
말에도 품격이 있다

비즈니스 *business*

Part 03

상대의 마음을 얻어라

라이프스타일 *lifestyle*

Part 05

건강한 미래를 꿈꾼다

에필로그

communication

커뮤니케이션

말에도 품격이 있다

목소리가
활기차다

캐피탈 회사 김 상무는 조찬부터 저녁 술자리까지 수많은 사람을 만난다. 이동 중에도 수십 통의 전화를 하다 보니 그야말로 온종일 이야기하는 셈이다. 그런데도 그는 새벽에 만나도, 저녁에 전화해도 늘 목소리가 한결같이 우렁차다. 도무지 피곤하거나 지친 기색이 없다. 그래서 물었다.

"그렇게 많은 사람을 상대하다 보면 지칠 법도 한데, 어떻게 늘 그렇게 목소리가 활기차세요?"

"저는 하루에 수십 통의 전화를 받고 수십 명을 만나

지만, 그들 한 사람, 한 사람은 오늘 저와 처음 전화한 것이고, 처음 만나는 자리잖아요? 그러니까 제가 밝고 힘차게 얘기하는 건 상대방에 대한 최소한의 예의죠. 오후에는 모두가 피곤해지니 일부러 더 크고 밝게 말하려고 합니다."

목소리 하나에도 철학이 담겨 있다.

기업 CEO나 임원들을 보면 목소리가 크고 당당한 경우가 많다. 목소리 크기에서부터 그 사람의 자신감이나 위치, 현재 상황 등이 풍겨 나온다. 우리도 힘이 없거나 지친 날, 일이 잘 안 풀리거나 자신감이 없을 때는 목소리가 작아지고, 신나고 즐거운 날, 일이 잘 풀리고 자신감이 충만할 때는 자신도 모르게 절로 흥분하여 목소리가 커지지 않던가?

이처럼 목소리는 그 사람이 가지고 있는 에너지가 가장 잘 드러나는 요소 중 하나다. 그래서 목소리만으로도 그 사람에게 좋은 에너지가 있는지 없는지가 판단되는 것이다.

이후에는 나도 지치거나 힘든 날이면 일부러 더욱 친절하게, 밝고 크게 당당한 목소리를 냈다. 그랬더니 신기하게도 어느 순간부터 힘찬 목소리와 함께 피곤함도 사라지기 시작했다. 예전에는 목소리가 작다는 이야기를 종종 듣는 편이었지만, 이후로는 그런 소리를 거의 듣지 않게 되었다.

미국의 심리학자 앨버트 메리비언의 '메리비언의 법칙'을 보면, 메시지를 전달할 때 영향을 끼치는 요소로 말의 내용은 7%밖에 되지 않고 55%가 자세, 용모(태도) 등 시각적 요소였으며, 나머지 38%가 목소리라고 한다. 목소리만 좋아도 메시지 전달력을 높일 수 있는 것이다.

여자는 남자의 목소리가 밝고 힘이 있을 때 긍정적인 에너지를 느낀다. 만약 당신의 목소리가 매력적이라고 생각하지 않는다면 조금 더 크고, 밝게, 또박또박 이야기하는 습관부터 들여보자. 당당하게 달라진 목소리만으로도 당신은 어느새 커뮤니케이션 능력이 뛰어난 사람으로 비추어지게 될 것이다.

자신감 있는 사람은 목소리도 당당하다.

매력있는 목소리도
연습하면
만들 수 있다!

기분 좋게
물어본다

처음 보는 사람에게 나이, 학벌, 결혼 여부, 연봉, 고향, 정치성향 등 온갖 정보를 불쑥 물어보는 사람들이 있다. 관심이 있어서 그렇다, 친근감의 표시다 등 여러 이야기를 하지만, 사실 당하는 사람의 입장에선 썩 유쾌하지 않다. 굳이 거리를 두자는 건 아니지만 그래도 아무 때나 취조 받듯 개인적인 이야기를 풀어내고 싶은 사람은 별로 없기 때문이다.

그런데 이런 질문을 기분 나쁘지 않게 잘하는 사람도

있다. 제조회사에서 승승장구하고 있는 박 상무는 만나
본 사람 중 정말 눈에 띄게 질문을 잘하는 사람이다.

"살 좀 찐 것 같네요?"

보통 사람들은 이렇게 물어본다. 그러면 뭐라 대답하
기도 그렇고 짜증만 난다.

그런데 박 상무는 다르다. 이렇게 물어본다.

"오랜만에 뵈었더니, 더 건강해 보이시는데요?"

그러면, "에이~ 아니에요. 요즘 살이 자꾸 올라서 걱
정이에요." 손사래를 치며 이렇게 답하지만, 기분이 나
쁘지 않다.

"그래요? 전혀 안 그래 보이는데."

박 상무는 이렇게 센스 있게 덧붙이기도 한다.

"무슨 일 있어? 어제 잠 못 잤어? 얼굴이 왜 이래?"

이렇게 물어보면 역시 아무리 생각해서 하는 말이라
도 기분이 좋지 않다. 얼굴이 왜 이러냐는데 기분 좋을
리가 있을까? 하지만 박 상무는 이렇게 물어본다.

"얼굴이 좋아 보이는데, 무슨 좋은 일 있어요?"

그러면 또, "아니에요. 요즘 일이 많아서 잠도 못 자고, 다크서클이 막 밀려 내려와요."

이렇게 대답하지만, 기분은 좋다.

"일은 잘 돼요? 먹고 살만해요?" 이런 질문을, "요즘 엄청 잘 나간다고 소문이 자자하던데, 비결이 뭐예요?"

이렇게 바꿔서 물어봐 주는 것이다.

이런 센스 덕분에 박 상무는 어디서나 인기만점이다. 이건 배려다. 박 상무는 말 한마디를 하더라도 상대가 기분 나쁘지 않게 하려고 그만큼 신경을 쓰는 것이다.

여자는 남자가 꼭 필요한 질문만 할 때 센스있는 사람이라는 인상을 받는다. 말 한마디가 끼칠 감정적 영향까지 깊이 고려했음이 느껴지기 때문이다.

센스 있게 질문해라!

좋은 대화는
좋은 질문에서
비롯된다!

말을 놓지
않는다

"어? 김 대표 왔어?"

아~! 보자마자 또 기분이 상하려고 한다.

"네. 오셨어요?"

"이야~ 정말 오랜만이네. 여긴 어쩐 일이야?"

상대는 반갑다며 호들갑을 떨지만, 사실 난 좀 그렇다. 물론 그가 나보다 다소 연장자이긴 하지만 사회에서 만난 사이에 저리 반말을 하는 게 그리 편하지 않기 때문이다. 학교 다닐 때야 선배가 후배에게 반말하는 게 자연스러웠지만, 그것과는 다르니까.

그는 모르겠지만, 나는 이제 그를 만나는 게 그리 반갑지 않다. 배려 받지 못한다는 느낌 때문이다.

처음 만난 사람에게 나이나 학번을 묻고, "내가 선배네? 말 놔도 괜찮죠?"라고 묻는 사람들이 많다. 그럼 상대는 어쩔 수 없이 "네. 그렇게 하세요."라고 하지만, 당연히 기분은 좋지 않다.

2019년 한 취업포털에서 직장인 1,431명을 대상으로 실시한 '직장 내 반말 사용 현황' 설문조사에 따르면, 직장인 75.6%가 '현재 근무 중인 직장 내에서 반말이 사용되고 있다'고 응답했다. 조사에 참여한 직장인 80.7%는 직장 내 직급이나 연령에 관계없이 직원들 간 서로 존댓말을 사용하는 것을 더 선호하는 것으로 나타났다.

수평적 의사소통을 위해 직급을 폐지하거나, 직급에 상관없이 상호 존댓말 사용을 권하는 기업이 늘고 있지만, 여전히 직장 내 반말을 사용하는 경우가 아직 많다는 것은 안타깝다.

"그건 김 대표님 의견에 따를게요. 대표님이 전문가
시니까요."

IT 기업 CEO 이 대표는 50대 초반의 나이지만, 항상
정중한 말투로 나를 배려해준다. 아니 나뿐만 아니라
만나는 사람 모두에게 그렇게 대한다.

평균연령 30대 초반인 이 대표와 함께 하는 직원들
에게도 항상 존댓말을 쓴다. 처음에는 직원들이 놀라서
말씀 편하게 하라고 여러 번 요청했지만, 이 대표는 이
게 편하다며 지금껏 그 방식을 고수하고 있다.

그 결과 존중받고 배려받는다는 느낌 덕분에 직원들
의 회사 충성도가 올라갔다고 한다. 그리고 수평적 조
직 분위기가 형성되면서 자연히 성과도 좋아지고 있다
고 한다. 그래서인지 그 회사를 방문하면 늘 직원들의
표정이 밝다.

자기보다 나이가 어리고 직급이 낮다고 해서 함부로

반말을 해서는 안 된다. 반말을 하면 자연히 상대를 배려하는 마음이 덜하게 되고, 상대는 서운함 때문에 그 사람을 멀리하게 되기 때문이다.

여자는 남자가 말을 쉽게 놓지 않을 때 반한다. 상대방을 존중하는 마음이 느껴지기 때문이다.

존댓말을 해라!

반말을 한다고
편한 사이는
아니다!

오래 듣고
짧게 말한다

지인 중에 조그만 출판사에 근무하는 40대 후반의 차장이 있다. 그는 다른 사람이 말할 때 여지없이 끼어들어 말을 끊고, 자기 얘기만 하는 버릇이 있다. 들어보면 주제와 맞지도 않는 자기 자랑인데 도무지 끝나질 않는다. 4명이 모이면 전체 대화의 80%가 그의 몫이다. 주변에서 후배들이 핀잔을 주고 충고를 해도 그 버릇을 쉽게 고치지 못했다.

그 후 그가 이야기하면 못들은 체 아무도 호응해주지 않았고, 모임에서 점점 그를 보는 횟수가 줄어들었다.

내세울 게 없는 사람들은 오히려 말이 많다. 들어보면 한 문장으로 표현할 수도 있는 말을 장황하게 몇 분에 걸쳐 말한다. 쓸데없는 말을 많이 하다 보니 실수가 잦고 한 말을 계속 반복하는 경우가 많다. 결국 자신의 어리석음까지 모두 드러내고 마는 것이다.

말이 많은 사람은 상대의 이야기를 들을 줄 모른다. 남의 이야기를 듣고 있으면 주도권을 빼앗긴 것으로 여겨 불안해하기도 한다. 그런 이들의 주변에는 사람이 모이지 않는다. 그러다 보니 사람을 만나 이야기할 기회가 적어지고, 어쩌다 자리가 생기면 반가운 마음에 또 자기 이야기만 쭉 늘어놓는 실수를 반복한다. 결국 그들마저 떠나보내는 악순환이 계속되는 것이다.

어디에서나 다른 사람들의 주목을 받는 남자는 들을 줄 안다. 말하기보다는 듣기를 즐긴다. 대화 내내 자신이 몇 마디 못하더라도 초조해하는 법이 없다.
그들은 귀를 열면 상대의 마음도 함께 열린다는 것을

알고 있다. 자신보다 훨씬 지위가 낮은 이의 이야기도 경청할 줄 안다.

말을 할 때도 짧고 간결하게 정돈된 문장을 구사한다. 입을 열기 전에 이 문장이 최선일까 고민하고, 상대가 어떻게 받아들일지, 이후 어떤 파장이 생길지도 신중하게 생각한다. 그래서 말실수가 없다. 상대의 이야기를 잘 들어주고, 꼭 필요하고 중요한 말만 짧게 하니 그를 좋아하지 않을 수가 없다.

여자의 마음을 얻고 싶은가?
오래 듣고 짧게 말하라.

귀를 열면
마음도 열린다!

말을
쉽게 한다

"제 생각엔 이렇게 하면 ROI가 안 나올 것 같습니다. 이 사업은 그렇게 루크러티브하지가 않아요. 그 팀은 저희와 케미스트리도 잘 맞지 않고요. 그러니 브레이크 스루를 위해 좀 더 저희 팀 컬러랑 매칭이 되는 곳에 인풋을 집중하게 해주시죠."

모 팀장은 말하는 게 늘 이런 식이다. 가만히 들어보면 별로 어려운 단어도 아닌데, 굳이 영어나 전문용어를 섞어서 말을 하는 것이다.

"이렇게 하면 노력에 비해 성과가 잘 나오지 않을 것

같습니다. 사업성이 좋은 것도 아니고, 그 팀과 저희 팀이 협업이 잘 될 것 같지 않아서 걱정되네요. 차라리 저희가 가장 잘할 수 있는 업무에 주력할 수 있게 해주시면 어떨까요?"

이 정도로 얘기해도 충분한데, 왜 저렇게 말하는 걸까? 혹시 어렵게 이야기해야 자신이 프로페셔널해 보일 거라는 강박관념에 사로잡혀 있는 건 아닐까?

경제전문가 이 박사의 말하는 법은 완전히 다르다.

"여러분이 사는 집 뒤로 대규모 신도시 아파트단지가 들어서고 있다고 생각해보세요. 어떻게 되겠습니까? 집값 뛰는 거요? 그걸로 끝이 아니에요. 큰 도로도 새로 나고 아파트 입주와 함께 대형마트라든지 식당가, 카페, 학원, 스포츠센터 등등 관련 시설들이 쭉 들어서지 않겠어요? 그리고 우리 동네에서 하는 가게에도 손님이 많아지겠죠? 아파트에 입주한 사람들이 찾아올 테니까. 한마디로 인근 동네에 크게 활기가 도는 겁니다. 어마어마한 경제성장 효과가 있는 거죠. 중국의 경제성장이 바로 이런 겁니다. 세계에서 가장 급속도로 경제성장을 하는 국가가 정말 운 좋게도 우리나라 바로 위쪽에 딱 붙어 있는 거죠. 엄청난 기회입니다."

이 박사가 지역 주민을 상대로 특강을 할 때 했던 설명이다. 그는 항상 상대의 눈높이에 맞춰 가장 쉽고 익숙하게 설명하기 때문에 누구라도 이해하기 쉽다. 그래서 그의 강의는 늘 평가가 좋다. 그 역시 유식한 학자이기 때문에 충분히 어려운 용어를 섞어가며 아는 티를 낼 수 있지만, 절대 그렇게 하지 않는다. 왜일까?

"대화의 목적은 이해를 시키는 거잖아요? 그런데 어려운 말을 쓰면 상대가 이해하기 어렵고, 그럼 제가 그 대화를 통해 얻고자 하는 바를 못 이루게 되잖아요? 당연히 쉽게 이야기를 해야죠. 어려운 말을 쓴다고 유식해지나요?"

그의 주관은 평소의 내 생각과 정확히 일치해서 절로

고개가 끄덕여졌다.

미국에서 〈포춘〉 500대 기업 CEO를 대상으로 리더의 자질에 대한 설문조사를 진행한 적이 있다. 그 결과 1위는 인간됨됨이, 2위는 커뮤니케이션 능력이라는 결과가 나왔다. 아무리 일을 잘해도 말을 잘하지 못하면 능력이 빛나지 않기 때문일 것이다.

그런데 여기서 말을 잘한다는 건 끊임없이 이 얘기 저 얘기를 술술 잘 풀어내는 달변가를 말하는 게 아니다. 어려운 전문용어를 잔뜩 섞어가며 허세를 부리는 건 더더욱 아니다. 상대의 눈높이에 맞춰 아주 쉽고 명확하게 뜻을 전달하는 것을 말한다.

의사전달을 명확하게 할 수 있어야, 소통상의 오해를 없애고 자신이 원하는 방향으로 일을 끌어갈 수 있기 때문이다. 쉽고 명확하게 이야기하는 능력은 생각보다 훨씬 더 중요하다.

여자는 남자가 이해하기 쉽게 얘기해줄 때 배려심을 느낀다. 진심으로 소통하고자 하는 남자의 마음이 전달되기 때문이다.

쉽게,
더 쉽게
말해라!

솔직하게
말한다

대기업 음료회사 영업사원 직에 두 명의 경영학과 졸업생이 지원했다. 어떤 일을 잘하느냐고 물었다.

재원: 저는 다 잘합니다. 뭐든지 시켜만 주십시오. 최선을 다해 열심히 일하겠습니다.

동욱: 저는 기획력이나 창의력은 좀 떨어지지만, 사람을 만나 설득하고 내 편으로 만드는 인간관계를 형성하는 것만은 누구보다 자신 있습니다. 각종 동아리와 인턴 활동을 통해 관련 경험을 충분히 했기 때문입

니다.

누가 합격했을까?

채용담당자는 지원자들이 인터뷰에서 자신의 장점을 어필하기 위해 스스로를 완벽하게 포장한다는 것을 너무도 잘 알고 있다. 면접관의 질문에 달달 외워온 모범 답안을 말하는 것은 틀에 박힌 자기소개서만큼이나 식상하다. 솔직하게 자신이 잘할 수 있는 것과 자신에게 없는 것을 명확히 밝히고, 책임질 수 있는 것만 어필해야 한다. 한 사람이 모든 것을 완벽하게 다 잘할 수 없기 때문이다. 허세를 부리는 믿음직스럽지 못한 사람보다는 솔직한 사람에게 더 신뢰가 가기 마련이다.

인터뷰에서 성공하는 방법은 당신을 있는 그대로 보여주고, 상대에게 당신의 진심이 느껴지도록 진정성을 가지고 임하는 것이다.

진심은 인터뷰에서뿐만 아니라 조직생활과 대인관계에서도 가장 중요하다. 거짓 꾸밈은 오래가지 못한다.

어설프게 잔머리를 굴린다든가 어떤 목적을 가지고 상대에게 접근한다면, 당신은 바로 피하고 싶은 비호감 1위로 등극할 것이다. 반대로 가식 없이 모든 것을 드러내고 솔직해지면 당신은 신뢰를 쌓을 수 있다.

상대를 속일 수 있을 것이라는 생각은 버려라. 진심이 담기지 않은 말과 행동을 알아보지 못하는 사람은 없다. 당신이 진심을 다해 신뢰를 얻지 못한다면, 그 누구도 당신을 위해 움직이지 않을 것이다. 상대의 마음을 얻고 싶다면, 가식과 위선을 버리고 진심을 보여라.

여자는 남자가 속이지 않고 진심을 다할 때 감동한다. 무슨 일을 하든 누구를 만나든, 언제나 진심을 다하라!

귀를 훔치지 말고
가슴을 흔드는 말을 하라!

빈말을 하지
않는다

"김 대표님. 이번 주 언제가 좋으세요? 그때 얘기했던 투자자문회사 지인을 소개해드리려고요."

조 전무가 문자를 보내왔다. 얼마 전 세미나에서 우연히 만나 이야기를 나누다, 내가 하는 일에 도움을 줄 수 있는 지인이 있다며 한번 소개해주겠다고 말한 적이 있었다. 이번에 그 약속을 지키겠다고 연락을 해온 것이다. 굉장히 고마웠다. 내가 먼저 청한 것도 아닌데 자신이 알아서 얘기를 꺼내주고 약속도 잡아주려 하다니, 쉽지 않은 일이다.

"다음에 연락드릴게요."

"한번 모이죠."

"언제 식사 한번 하시죠?"

이렇게 얘기하고 감감무소식인 사람들이 셀 수도 없는 세상이다.

조 전무처럼 저렇게 지나치듯 한 말을 딱딱 지키는 경우는 정말 드물다. 실제로 조 전무는 주변에서 신뢰할 수 있는 사람으로 정평이 나 있다고 한다. 아마 저렇게 작은 말도 꼭 지키려는 노력이 쌓여서 지금의 좋은 평판을 만들었을 것이다.

처음에는 좋은 느낌이었으나 만날수록 실망하게 되는 남자가 있다. 번지르르하게 말은 잘하면서 행동은 따르지 않는, 한마디로 언행일치가 되지 않는 남자이다. 미팅 때는 이것도 좋다 저것도 좋다 하면서 뭔가 될 듯한 분위기를 형성하지만, 끝나고 나면 제대로 이루어지는 게 없다. 그런 경험이 반복되다 보면 결국 실망하게 되고 다음부턴 누구도 그 사람을 믿지 않게 된다. 이렇게 신뢰를 잃어버리면 다시는 재기할 수 없는 지경에 이르게 되는 것이다.

별생각 없이 그냥 하는 말, 지킬 생각이 없는 말은 차라리 안 하느니만 못하다. 아니 절대 하지 말아야 한다. 그것이 상대에 대한 매너이다.

지키지 않을 말은 하지 말고, 한 말은 반드시 지키자. 말은 누구나 할 수 있지만, 자신이 한 말을 행동으로 옮기는 일은 결코 아무나 할 수 없는 일이어서 그것만으로도 주목받게 된다.

여자는 남자가 빈말 하지 않을 때 신뢰한다. 그가 한 모든 말의 무게를 알기 때문이다.

자신이 한 말의
무게를 지켜라!

전화매너가
빈틈없다

40대 중반 외국계 기업 마케팅 상무와 통화를 마치고 끝인사를 하려는데 전화가 뚝 끊어졌다. '바쁜가?' 하며 지나쳤다. 다시 통화할 기회가 있었는데 이번에도 역시 마찬가지로 마무리 인사를 하기도 전에 전화가 끊어졌다. '어? 이분이 왜 이러시지? 내가 뭘 잘못했나? 기분 나쁜 일이 있었나?' 여러 가지 생각이 들었다. 그래서 속으로 '아~ 이 상무님은 나를 안 좋게 생각하고 있나 보다' 하고 결론을 내렸다.

그런데 우연히 그를 잘 알고 있는 사람을 만나 그 얘

기를 꺼내니 "그의 오랜 습관이니 신경 쓰지 마세요."라고 말하는 것이 아닌가?

하지만 신경 안 쓸 일이 아니었다. 그와 통화하는 많은 사람이 나처럼 오해하거나 기분이 상했을 테니, 그는 모르는 사이에 자신의 평판을 엄청나게 떨어뜨리고 있는 셈이다.

얼마 후 그가 국내 기업으로 이직했는데, 그곳에서도 한바탕 난리가 났다고 한다. 얘기가 끝나기도 전에 전화를 끊는 매너 때문에 그 회사 사장을 비롯한 임원들이 대단히 불쾌해했다는 것이다. 결국 참다못한 사장으로부터 "아무리 습관이라 하더라도 나쁜 건 고쳐야지!"라고 따끔하게 지적을 받았다고 한다. 상무는 40대 중반이 되어서야 임자를 만났다며, 그래도 오랜 나쁜 습관을 고칠 수 있어 다행이라며 웃었다. 혹시 자신의 전화 매너 때문에 불쾌했다면 용서해달라고 덧붙였다.

지금은 그와 통화하면 얼마나 유쾌한지 모른다. 워

낙 유머러스하고 즐거운 분이었는데, 누가 선뜻 지적해 주기 어려웠던 사소한 전화 매너 하나 때문에 하마터면 관계가 멀어질 뻔했다니, 디테일이 얼마나 중요한지 새삼 실감할 수 있었다.

첫인상보다 더 중요한 것이 전화 매너다. 비즈니스 관계에서는 실제로 만나기 전에 전화 통화부터 하는 경우가 많아서 전화 매너야 말로 사실상의 첫인상이라 할 수 있다. 전화는 그 사람의 이미지, 평가, 평판 등을 좌우하는 아주 중요한 커뮤니케이션 채널이다. 받자마자 짜증스러운 말투로 "무슨 일 때문에 그러시죠?", "지금 통화하기 곤란한 상황입니다."라며 끊을 바에는 차라리 전화를 꺼두거나 안 받는 게 낫다.

많은 직장인이 이런저런 이미지 관리는 열심히 하면서 정작 전화 속 이미지는 신경 쓰지 못 하는 경우가 많다. 기억하자.

여자는 상대를 배려한 남자의 전화 매너와 같은 작고 사소한 것에서도 마음이 흔들린다.

전화 매너도
놓치지 마라!

리액션을
잘한다

"그래요? 아니 그런 식으로 일을 하는 사람이 있단 말이에요?"

꽤 젊은 나이에도 불구하고 벌써부터 넓은 인맥을 자랑하며 탄탄히 성장해가는 철강회사 김 팀장이 눈을 번쩍 뜨며 묻는다.

"정말이라니까! 내가 아주 황당해서 혼났다고. 나도 그런 경우는 처음이었으니까."

한창 이야기를 하던 조 상무의 목소리에 확 생기가 돈다.

"그래서 어떻게 하셨어요?"

김 팀장이 앞으로 몸을 당기며 다시 물었다.

"그럼 어떻게 해? 우리 직원도 아닌데 함부로 뭐라할 수 있나? 그냥 나중에 그놈 상사 만나면 귀띔 정도해줄까 생각하고 말았지."

조 상무가 답했다.

"에이! 그런 놈은 그냥 그 자리에서 확~ 혼꾸멍내야하는데 말이죠. 아쉽네요."

김 팀장이 과장된 액션까지 취해가며 말했다.

"됐어, 됐어. 괜찮아 그런 놈 말고도 신경 쓸 일이 천지인데 뭘."

손사래를 치는 조 상무의 얼굴이 밝다. 아마 이야기를 잘 들어주고 반응도 재미있게 해주는 김 팀장 덕분에 대화가 즐거워서일 것이다.

"팀장님은 어떻게 그렇게 얘기를 잘 들어주세요?"

자리를 마치고 나서면서 김 팀장에게 물었다.

"저요? 에이 별말씀을요."

김 팀장이 웃으며 고개를 저었다.

"아니에요. 김 팀장님과 이야기하면 다들 엄청 즐거워하시잖아요. 저 그런 경우 많이 봤는데."

내가 다시 말했다.

"하핫, 그냥 뭐, 잘 들어드리려고 노력하는 거예요."

"팀장님은 다른 분들이 하신 말씀, 또 해도 똑같이 재미있게 들으시는 것 같아요. 지겨운 티도 안 내고."

"아! 네 그렇죠. 한창 신나서 말씀하시는데 '그거 지난번에 다 들었습니다' 이러면 얼마나 김빠지겠어요. 그러니까 재미있게 듣는 거죠. 그리고 저는 기억력이 나빠서인지 자꾸 잊어서, 들은 얘기 또 들어도 똑같이 재미있습니다. 하하!"

김 팀장이 호탕하게 웃었다.

누구나 김 팀장을 좋아한다. 그는 어떤 이야기를 들어도 꼭 말하는 사람과 눈을 맞추면서 집중하고 몰입한다. 그래서 이야기하는 사람이 굉장히 존중받고 있다는 느낌이 들게 한다. 아무리 재미없다는 평가를 듣는 사람도 김 팀장 앞에만 가면 일등 이야기꾼이 된다. 김 팀장이 잘 들어주고 적절하고 재미있는 반응을 보여주기 때문이다.

이렇게 모두가 좋아하는 김 팀장, 그의 회사생활이 얼마나 성공적일지는 굳이 설명하지 않아도 짐작할 수 있으리라 믿는다.

대화가 즐거운 사람이 있다. 그런데 그들 중 대부분은 말을 재미있게 잘하는 사람이 아니라 잘 들어주고 반응을 잘해주는, 즉 리액션이 좋은 사람이다.

말을 잘하는 사람은 이야깃거리가 떨어지면 재미가 없어진다. 그리고 아무리 재미있는 사람도 계속 이야기하면 슬슬 지겹고 짜증이 나기 마련이다.

하지만 리액션이 좋은 사람은 잘 들어주고, 어떤 이야기가 나와도 분위기를 좋게 만든다. 그래서 리액션이 좋은 사람과의 대화가 더 즐거운 것이다. 남들에게 대화가 즐거운 사람으로 기억되려면 리액션이 좋은 사람이 되어야 한다.

여자는 리액션이 좋은 남자에게 매료된다. 그와 나누는 모든 대화가 마법처럼 즐거워지기 때문이다.

잘 듣고
적극적으로
반응해라!

상대에게
집중한다

"저는 눈을 먼저 봅니다."

면접할 때 어떤 부분을 참고하느냐는 질문에 홍 대표가 이렇게 답했다.

"아, 눈빛이요?"

내가 물었다.

"아니요. 눈이요. 눈을 자주 깜빡이는지 아닌지를 보고, 눈을 너무 자주 깜빡이는 사람은 떨어뜨려요. 당당함이나 자신감이 떨어져 보여서요."

"그렇군요."

"그리고 손을 차분히 놓지 못하고 자꾸 꼼지락거리거나 이것저것 만지작거리는 사람도 탈락입니다. 같은 이유죠."

"예리하시네요."

"목소리가 떨리는 사람도 떨어뜨립니다. 기분 좋은 떨림은 괜찮은데, 불안해서 떨리는 그런 분들은 아쉽지만 선택하지 않아요."

채용면접의 고수로 알려져 있는 홍 대표가 들려준 자신만의 비법은 상당한 통찰력이 있었다.

"물론 꼭 이것만으로 합격과 불합격을 결정하지는 않지만, 경험적으로 보면 결국 이렇게 여유 없는 모습을 보이는 구직자들이 준비도 덜 되어 있는 경우가 많더라고요. 그래서 주요하게 참고하는 편입니다. 여유 없는 사람은 매력적일 수가 없잖아요."

진심으로 공감되는 말이었다.

미국의 정치가들은 아무리 많은 사진기의 플래시가 터져도, 아무리 눈부신 스포트라이트를 받아도 눈을 깜빡이지 않는다고 한다. 잠깐 눈을 깜빡이는 것도 나약한 모습으로 비칠 수 있기 때문이다. 그래서 그들은 항상 여유 있고 당당한 모습을 유지하며 자신들의 매력을 어필한다.

직장인도 마찬가지다. 어떤 자리에 가든 눈을 자꾸 깜빡이고 손을 어쩔 줄 몰라 하는 모습을 보이면 절대 프로로 보일 수 없다.

여자는 남자가 여유롭게 보일 때 믿음이 생긴다. 자신감 있게 행동하라! 그래야 상대가 안정감을 느낀다.

말을
혀로만 하지말고,
눈과 표정으로
말하라!

SHOW를
잘한다

장면 1

스티브 잡스가 서류봉투를 들고 발표대 위로 올라왔
다. 그는 "오늘 애플의 새로운 노트북을 선보이겠다"고
하면서, 자신이 소개할 노트북은 굉장히 얇아서 휴대하
기에 편할 것이라고 설명했다. 그러더니 세상에! 들고
온 서류봉투에서 '맥에어'를 꺼냈다.

장면2

잡스가 말했다. "오늘 애플은 세 가지 혁명적인 제품

을 발표하려고 합니다. 첫 번째는 넓은 스크린에 터치가 적용되는 새로운 아이팟(애플의 MP3 플레이어)이고, 두 번째는 완전히 새로운 휴대폰, 세 번째는 훨씬 발전된 인터넷 통신기기, 눈치채셨나요? 오늘 발표할 제품은 세 가지가 아닙니다. (세 가지 아이콘을 합치며) 한 가지입니다. 우리는 그걸 이렇게 부르기로 했습니다. 아이폰(iphone)."

장면 3

잡스는 관중들에게 아이폰에 내재되어 있는 구글맵 기능을 보여주기 위해 가까운 스타벅스를 검색했다. 전화번호가 뜨자 그는 그대로 전화를 걸었다. 잠시 후 스타벅스 직원이 전화를 받았다.

"안녕하세요? 스타벅스입니다."

잡스가 말했다.

"네, 여기 카페라떼 4,000잔만 가져다주세요."

스티브 잡스는 서프라이즈 유머, 그리고 긴밀한 스토

리를 이용해 늘 최고의 프레젠테이션을 보여주었다. 그는 완벽한 프레젠테이션을 위해 수백 시간씩 연습과 리허설을 거듭했다고 알려져 있다. 그의 프레젠테이션은 잘 준비된 한 편의 SHOW였다.

직장인에게 프레젠테이션은 자신의 능력을 보여주는 중요한 기회이다. 프레젠테이션 능력이 뛰어난 사람은 비록 직급이 사원이나 대리에 불과하더라도, 중요한 자리에서 그날의 주인공이 된다. 상사와 동료, 그리고 고객사들에게 자신만의 확고한 브랜드 이미지를 심어줄 수 있는 것이다.

프레젠테이션을 잘하려면 늘 듣는 사람의 반응을 상상해야 한다. 처음에 어떤 이야기로 관심을 끌 것인지, 어느 정도 시점에서 주의를 환기시키기 위해 유머를 섞을 것인지, 어떻게 결론을 내야 가장 인상 깊게 받아들여질 것인지를 세세히 살피고 그에 맞게 발표내용을 설계해야 한다. 그런 준비 없이 슬라이드에 잔뜩 설명을 적고 그걸 줄줄 읽고 있다면, 그 프레젠테이션은 빵점이 된다. 당신의 발표를 듣는 사람 중 글을 읽지 못하는 사람은 없기 때문이다. 좋은 프레젠테이션을 하려면 고민해야 한다.

여자는 프레젠테이션에 능한 남자에게 반할 수밖에 없다. 타고난 것이 아니라, 엄청난 노력으로 완벽한 SHOW를 만들어 냈을 것을 짐작하기 때문이다.

프레젠테이션
능력을
키워라!

이야깃거리가
많다

중공업회사 인사팀장 이 부장은 한 번 만나면 3시간 은 기본으로 흘러간다. 내키지 않는 자리에 억지로 붙 잡혀 있는 게 아니라 정말 오랜 친구와 만난 것처럼 이 야기보따리가 끊이질 않아서이다.

주제도 다양하다. 정치, 경제는 물론, 최근 인기 있는 뮤지컬, 재미있게 읽은 책에 야구나 축구 등 스포츠까 지 어떤 이야기를 해도 막힘이 없다.

그래서 "드라마는 안 보세요?" 물었더니 "무슨 그런 섭섭한 말씀을? 제가 드라마를 얼마나 좋아하는데요,

아내보다 더 좋아합니다."라며 또 줄줄 이야기가 이어진다. 도대체 그의 이야기 끝은 어디일까?

대기업 인사팀장 자리가 결코 한가하지 않을 텐데, 매번 어떻게 이렇게 다양한 분야의 이야깃거리를 준비해 오는지 너무 신기해 비결을 물었다.

"저는 인사업무를 하니까 고객이 직원이에요. 그런데 직원들이 많다 보니 관심 분야도 정말 다양하더라고요. 그들과 대화를 나누려면 다양한 관심사를 공부 안할 수가 없어요. 정치부터 드라마까지 다 꿰고 있어야하죠. 저는 직원들과 즐겁게 이야기 나눌 수 없는 인사팀은 자격미달이라고 생각해요. 그래서 폭넓은 분야를 공부했고, 덕분에 이제 어떤 주제라도 웬만큼 이야기에 낄 수 있는 정도가 되었습니다."

답변을 듣고 나니 왠지 허를 찔린 듯한 기분이 들어 한동안 멍해졌다. 보통 자신이 관심 있고 좋아하는 분야, 잘 아는 분야는 자신 있게 이야기하지만, 그 외 분야는 잘 모르는 경우가 대부분이다. 드라마만 보고 책은 안 읽는다든지, 게임은 좋아하되 운동에는 관심이 없다든지, 이렇게 말이다.

그런데 그는 관심 분야가 다양한 직원들과 소통하기 위해 일부러 공부했다니, 얼마나 많이 노력했을지 짐작이 되었다. 아마 나와 만나러 올 때도 내가 좋아하는 이야기들을 따로 준비해왔을 것이다.

'타인에 대한 관심, 타인을 알고자 하는 마음'이야말로 소통의 기본이라는 것을 너무도 잘 보여주는 최고의 인사팀장이었다.

얼마 후 이 부장이 최연소 상무로 승진했다는 연락이 왔다. 당연한 결과라는 생각이 들었다.

여자는 이야깃거리가 많은 남자에게 호기심을 갖는다. 어떤 상대를 만나도 즐거운 대화를 이어갈 수 있도록 다양한 분야에 관심을 갖고 평소 많은 준비를 하라.
다른 사람의 마음을 열고 싶다면 내 마음부터 열어야
한다.

상대가 즐거워할
이야깃거리를
준비하라!

화낼 상황에도
칭찬한다

얼마 전 화장품 회사 CEO로 옮겨간 조 대표는 이직 때마다 함께 따르는 직원들이 있다. 그들은 대표가 가는 곳이면 어디든 마다하지 않고 함께 하고 있다.

"이번에도 같이 이직하셨네요?" 내가 물었다.

"네. 저는 대표님이 어디를 가시든 함께 할 계획입니다. 제게는 영원한 스승이며 가장 존경하는 상사이십니다."

직원들이 수줍게 웃으며 말했다. 그러면서 예전 에피소드를 들려주었다.

"오래전에 중요한 고객사를 상대로 하는 프레젠테이션이 있었습니다. 그런데 제가 실수로 발표 자료를 잃어버려서, 대표님이 자료 없이 기억에 의존해서 발표해야 하는 상황이 발생했습니다. 너무나 난처했죠. 굉장히 중요한 발표였기 때문에 정말 공들여 자료를 준비했거든요.

당연히 대표님도 화가 많이 났을 텐데, 발표 끝나고 제게 오시더니 어깨를 두드리면서 이러시는 거예요.

'회진이는 앞으로 크게 될 거야. 나는 자료가 없어진 걸 알고 엄청 당황했는데, 이런 순간에도 침착하게 대처하는 모습을 보고 깜짝 놀랐어. 자료는 스스로 챙기지 못한 내 잘못이니까 전혀 걱정하지 마. 그리고 내 머리가 그리 나쁘지 않은 것 확인시켜줘서 고마워.'

그 이후로도 저희가 실수하거나 부족한 점을 보여도 매번 '괜찮아. 잘하고 있어. 걱정 마. 나는 아직도 매일 실수투성이인걸.' 하시며 웃는 얼굴로 용기를 북돋아 주셨어요.

저뿐 아니라 대표님을 모시는 다른 직원들도 지금껏

대표님께 꾸중을 들어본 적이 별로 없습니다.

그런데 그거 아세요? 화를 안 내니까 오히려 혼내는 상사보다 더 무서운 거예요. 저희를 믿고 인정해 주시는데 실망시켜 드리고 싶지 않아서, 바싹 긴장해서 더 열심히 하게 되더라고요."

누구나 자신이 잘못한 것을 안다. 이미 그에 대해 스스로 반성하고 있다. 거기다 대고 공개적으로 혼을 내고 망신을 주는 건 개인적 화풀이에 지나지 않는다. 당하는 직원도 반성하는 마음보다는 반감이 생기기 십상이다.

반면 잘못을 저질렀음에도 불구하고 '그럴 수도 있지. 괜찮아. 다음에는 실수하지 마.'하고 다독이며 지나가는 상사가 있다면, 자신을 향한 무한 신뢰감에 감동하고 진심으로 반성하게 된다. 누구든 자신을 믿어주는 상대를 실망시키고 싶어 하지 않기 때문이다. 두 번 다시 같은 잘못을 되풀이하지 않기 위해 노력함은 물론 다른 모든 업무에서도 최선을 다하게 된다.

앞으로 닥칠지도 모르는 위기의 순간에 언제나 당신의 편에 서는 든든한 지원자가 될 수 있다.

당신의 동료들이 자발적으로 진심을 다해 열심히 일하길 바라는가? 칭찬하라, 그들이 잘했을 때든 잘못했을 때든.

언제나
칭찬하라!

자신이 무엇을
원하는지 안다

　　40대 초반의 싱글 여성 직장인이 커리어 상담을 해
달라며 찾아왔다. 만나 보니 현재 근무하는 회사가 일
이 너무 많아서 다른 회사로 이직하고 싶다는데, 표정
이 굉장히 지쳐 보였다. 예전에도 이직한 적이 있고, 그
때도 역시 사유는 과도한 업무였다. 대학 졸업 후 40대
초반이 될 때까지 계속 일에 시달려, 조금 더 편할 것
같은 회사로 이직을 거듭하며 몸과 마음이 점점 지쳐가
고 있는 상태였다.

　　"제가 보기엔 이직보다 휴식이 필요한 것 같아요, 잠

시 쉬면서 재충전하는 게 어떨까요?"

내가 조언했다.

몇 개월 후 다시 그녀에게 연락이 왔다.

"제가 아직 싱글이라 생활 때문에 충고를 무시하고 바로 다른 회사로 이직했는데, 너무 무리하게 욕심을 내어서인지 결국 몇 번 쓰러졌어요. 지금은 회사를 그만두고 쉬면서 건강관리를 하고 있습니다. 그때 대표님 말씀을 들었으면 좀 덜 고생했을 텐데 이제야 깨달았네요."

나는 그녀에게 인생이든 직장생활이든 롱런하려면 페이스 조절이 꼭 필요하다고, 지금이라도 건강을 챙기기 시작한 것이 다행이라며 격려해주었다.

직장생활에서 성공하려면 자신과의 대화를 잘해야 한다. 나의 내면은 중요한 순간에 늘 내게 신호를 보낸다. 그 신호를 알아채지 못하면 자꾸만 잘못된 선택을 하게 된다. 쉬어야 하는데 계속 일에 매달린다든지, 회사를 계속 다녀야 하는데 자존심 때문에 그만두든지 하는 실수를 거듭하게 되는 것이다.

아무리 훌륭한 멘토라도 당신이 원하는 것이 무엇인지 알려줄 수는 없다. 그러므로 주기적으로 건강검진을 하듯, 자신이 원하는 방향으로 잘 가고 있는지, 필요한 것은 없는지 점검해야 한다. 그러려면 나만의 시간을 갖고 자신과 대화해야 한다.

여자는 자신과의 대화에 능숙한 남자에게 반한다. 자신이 원하는 것이 무엇인지 정확히 알고, 그대로 살려고 노력하라. 자기 자신과 대화하는 당신만의 노하우를 만들어라.

자신과의
대화를 즐겨라!

Part-02

style
스타일

매력 넘치게, 센스 있게

매력있고
섹시하다

외국계 은행의 전략담당 김 상무를 만났다. 40대 중반임에도 불구하고 볼 때마다 더욱 젊어지는 듯하여 비결이 뭐냐고 물었다.

"아시잖아요, 저 운동 좋아하는 거. 얼마 전에는 철인 3종 경기에도 나갔어요."

깜짝 놀라 "아니, 그 바쁜 와중에 어떻게 경기까지 나갈 정도로 운동하셨어요?"

"일이 점점 많아져서 체력 없이 버티기가 어려워 꾸준히 운동했는데, 요즘은 업무강도가 철인 3종 경기 수

준까지 올라갔거든요. 그래서 한 번 나가봤죠."

대단한 능력에 감탄하며 한참을 같이 웃었다.

몸매만 보고도 잘나가는 직장인과 그렇지 못한 직장인을 구분해낼 수 있다. 잘나가는 직장인은 뚱뚱하게 퍼져있거나 푸석푸석하지 않고, 나이에 상관없이 동안이며 건강하고 에너지가 넘친다. 남자들은 남자답고 여자들은 여자답다.

여자는 섹시한 남자에게 반한다. 외모 자체가 섹시하지 않더라도 열정적으로 일하는 태도나 자신감 있는 표정에서 매력을 느낀다. 그들은 스스로 에너지를 만들어낼 줄 안다. 건강함을 유지하기 위해 꾸준히 운동하고 좋은 음식을 찾아 먹으며, 담배는 멀리 하고, 술도 자제한다. 그렇게 해서 언제나 체력과 열정으로 똘똘 뭉쳐있는 상태를 유지한다.

전날 과음하고 떡진 머리에 흐트러진 옷차림으로 지

각, 오전 내내 정신을 반쯤 빼놓고 있다가 점심시간이 되자마자 직원들과 함께 해장하러 가는 김 부장.

일찍 회사에 도착해서 집중력 있게 일하다 점심시간에 피트니스센터에 들러 유산소 운동 후 샤워까지 마치고 말끔한 모습으로 복귀하는 최 부장.

누가 더 섹시할까? 당신이 사장이라면 둘 중 누구를 중용하겠는가?

여자에게 어필하고 싶은가?
섹시해져라!

매력 넘치게
섹시하게!

패션센스가
좋다

　　30대 초반, S대학 공대 출신으로 금융회사 영업팀에
서 일하는 남성과 만났다. 훤칠한 키, 운동으로 다져진
근육질 몸매에 잘 차려입은 정장차림이었다. 일견 멋스
러워 보이길래 "멋쟁이시네요, 연예인 같으세요."라고
했더니 "다들 그래요."라면서 자신의 스타일을 뿌듯해
했다. 그런데 이야기를 한참 하다 보니 손목에 뭔가가
보였다. 유명 브랜드 로고가 큼지막하게 박힌 시계였다.
그러고 보니 구두에도 브랜드 로고가 선명하고, 가방과
벨트 역시 그렇다. 그 모습을 보자 멋쟁이라고 생각했

던 첫인상이 사라졌다. 이 젊은 남자는 비싸기로 유명한 브랜드들로 머리부터 발끝까지 자신을 포장해야 할 만큼 자신이 없는 걸까? 겨우 그런 것으로 자신감을 드러내려 하다니, 안쓰럽고 안타까운 생각이 들었다. 그래서인지 그 남자는 헤드헌터인 내게 전혀 유능해 보인다는 느낌을 주지 못했다.

여성 직장인 중에서도 간혹 눈살을 찌푸리게 하는 옷차림을 보여주는 사람들이 있다. 망사나 속이 훤히 비치는 얇은 블라우스, 심하게 파인 옷과 너무 짧은 스커트는 회사에서는 적합하지 않다. 주위 사람들을 불편하게 만들 뿐 아니라 불필요한 오해로 자신의 발목을 잡게 하기 때문이다. 나아가 배려심이 없고 기본 개념도 부족한 사람으로 낙인찍히기 십상이다.

패션은 자신의 표현이고 개성이지만, 사적인 자리가 아니라 일하는 중이라면 자제할 필요가 있다. 직장인의 옷차림은 자신의 업무, 자신이 속한 회사의 이미지를 반영해야 한다. 변호사나 컨설턴트들이 고객에게 신뢰를 주기 위해 차분하고 정돈된 옷차림을 하는 것은 아무런 문제가 없다. 하지만 뒤바뀌면 곤란하다. 만약 당신이라면 그에게 일을 맡기고 싶은가?

공장에서 업무의 효율성을 위해 작업복을 입고, 의사들이 청결함을 지키고 순수와 정직을 상징하기 위해 하얀 가운을 입듯, 직장인에게도 자신의 회사와 업무에 맞는 적합한 옷차림이 있다. 그걸 망각한 옷차림은 자신의 전문성을 훼손시킨다. 그런 옷차림을 하는 사람은 고객에게도 회사에도 외면받는다.

여자는 남자가 패셔너블할 때 반한다. 명품으로 온몸을 휘감는 것이 아니라 자신이 어필해야 할 이미지를 정확히 반영하는 옷차림을 할 때 남자의 가치는 더 높아진다.

어필할 이미지를 입어라!

드로즈 속옷을
입는다

"앗? 먼저 와 계셨네요? 이런, 죄송합니다."

대기업에 근무하는 윤 상무가 밝은 얼굴로 손을 들어 인사한다. 오랜만에 점심식사나 하자고 백화점 위층 레스토랑에서 만나기로 한 참이었다.

"별말씀을요. 아직 약속시간 전이기도 하고, 저도 방금 도착했어요."

나 역시 미소로 화답했다. 그런데 보니 윤 상무의 손에 작은 쇼핑백이 들려 있었다.

"쇼핑하셨어요?"

궁금증을 못 이기고 내가 물었다.

"아, 이거요?"

멋쩍은 듯 잠시 웃던 그가 다시 말을 이었다.

"별건 아니고요, 얼마 전에 처음으로 '드로즈'(삼각팬티와 트렁크의 장점을 살린 사각팬티) 속옷을 하나 사서 입어봤는데 상당히 마음에 들더라고요. 그래서 백화점 나온 김에 몇 개 더 샀습니다. 편안하고 촉감도 좋아서 기분이 아주 상쾌해지더라니까요."

다소 민망할 수도 있는 얘기였지만, 윤 상무는 정말 순수하게 즐거운 표정이었다. 원래도 멋쟁이라는 건 알고 있었는데, 겉옷뿐만 아니라 속옷에도 신경을 쓰는 걸 보니 한층 더 감각 있어 보였다.

실제로 남자에게 속옷은 무척 중요하다.

우선 속옷은 겉옷의 스타일과 맵시에 영향을 끼친다. 잘 맞지 않는 속옷을 입으면 아무래도 태가 어색하기 마련이다. 남에게 보이는 부분이 아니라고 해서 대충 입으면 세련미가 없다. 괜히 속옷이 패션의 시작이라 불리는 게 아니다.

나아가서 속옷은 그날의 컨디션 자체를 좌우하기도 한다. 부드러운 촉감, 편안한 피트감의 속옷을 입으면 온종일 좋은 기분을 유지할 수 있다.

그뿐만이 아니다. 색상이나 스타일의 작은 변화만으로 완전히 새로운 기분을 경험할 수 있다. 남자들은 보통 단색에 정형화된 패턴의 속옷을 입는다. 누가 보는 것도 아닌데 무난 그 자체에서 벗어나질 않는 것이다. 한번 용기 내어 호피나 레오파드 같은 애니멀 프린트 속옷을 입어보라. 평소에 맛보지 못했던 신선한 기분을 느끼게 될 것이다. 꼭 호피까지는 아니더라도, 아무튼 과감한 속옷을 입는 것만으로 많은 것이 달라진다.

옷차림만 신경 쓰는 것도 바빠 죽겠는데 속옷까지 챙겨야 하느냐 묻지 말라. 속옷은 정말 사소한 투자로 큰 정신적 만족을 주는 좋은 수단이다. 반드시 챙겨서 자신감과 신선함을 함께 누리기 바란다.

여자는 남자가 속옷까지 신경 쓸 때 반한다.

늘 최상의 컨디션을 만들고자 하는 그의 노력이 느껴지기 때문이다.

세련미 나는
속옷을
입어라!

손톱이
깔끔하다

"혹시 기타 치세요?"

내가 물었다.

"아니요. 저 기타 못 치는데요. 왜요?"

30대 후반의 홍보전문가 양 대표가 의아한 듯 물었다.

"그러시군요. 손톱 정리가 아주 잘 되어 있는 것 같아서요."

"아~ 이거요? 제가 어렸을 때부터 손톱을 짧게 깎는 버릇이 있어서요. 손톱이 길면 여기저기 부딪혀 깨지기도 하고, 어디에 걸려 옷감을 찢기도 하고 여러모로 불편하더라고요. 위생적이지도 않아 자주자주 깎고 있습니다."

양 대표가 빙긋 웃었다. 역시 양 대표가 잘나가는 이유가 있었다.

친한 교육회사 대표는 면접할 때 꼭 손톱을 체크한다고 한다. 손톱이 잘 정리되어있지 않은 사람은 성격이 게으르고 일 처리가 깔끔하지 않은 경우가 많다는 것이다. 나도 사람을 볼 때 꼭 손톱을 보게 된다. 길고 지저분한 손톱보다는 짧고 깔끔한 손톱에서 그 사람의 품격과 신뢰를 느끼곤 한다.

손톱뿐만이 아니다. 손도 잘 관리해야 좋은 인상을 줄 수 있다. 어떤 사람은 손이 너무 건조해서 피부가 갈라지고 하얗게 각질이 일어난 채로 다닌다. 그런 모습은 상대에게 별로 상쾌한 느낌을 주지 못하기 때문에, 핸드크림이나 로션을 발라주는 게 좋다. 손은 보습하고 매끄럽게 유지해야 악수할 때는 물론 마주 앉아 대화할 때도 상대에게 좋은 느낌을 줄 수 있기 때문이다. 혹시 손등에 털이 많다면 적절히 제모하는 센스도 필요하다,

손톱은 아주 사소한 부분이지만, 모든 일의 시작은 늘 사소한 것에서 비롯된다. 아주 작은 부분도 허점을 보이지 않아야 한다. 디테일에 강한 남자와 그렇지 않은 남자의 가장 큰 차이는, 사소한 부분을 얼마나 잘 커버하느냐에 달려있다.

손톱관리까지 철저한 남자라면 자기관리에도 빈틈이 없을 것이다.

사소한 일에
관심을 갖는
소수가
부자가 된다!

구두가
깔끔하다

"안녕하세요? 대표님. 오늘 의상이 대표님과 너무 잘 어울려요"

오늘의 미팅 상대인 40대 중반 마케팅회사 임원이 약속장소에 도착하자마자 환하게 웃으며 덕담을 건넸다.

"이사님이야말로 더 멋지신데요?"

나도 얼른 반가운 표정으로 화답했다. 사실 빈말이 아니고 그는 정말로 패션에 일가견이 있다. 긴 머리에 블루 재킷과 셔츠를 걸치고, 아래에는 캐주얼 진을 입은 후 운동화로 마무리 짓고 있었다. 그는 그런 옷차림이 모두 자신이 직접 개발한 스타일이라며 평소 상당히 자신만만해 하곤 했다.

그런데 미팅을 마치고 헤어지기 위해 인사를 하다 우연히 그의 신발을 봤더니, 색이 바래고 해져 있었다. '오늘 바쁘셨을까? 신발 체크를 못 하셨나 보네' 싶은 마음이 들었다.

그날 이후로 세 차례 더 미팅을 가졌는데, 그는 같은 운동화를 신고 있거나, 언뜻 보기에도 오래된 주름이 잡힌 구두를 신고 있었다. 바빠서 깜빡한 게 아니라, 원래 신발에는 신경을 못 쓴 것이었다. 그러자 평소 그에 대해 가지고 있던 세련되고 깔끔한 이미지가 반감되기 시작했다.

옷에는 신경을 많이 쓰는데 신발에 소홀해서 아쉬운 남자들이 많다. 하지만 아무리 옷을 잘 차려입어도 신발이 그러면 결코 멋쟁이로 보이지 않는다.

그 후 나는 처음 만나는 남자의 구두를 유심히 살피는 습관이 생겼다. 구두는 그 사람의 패션감각과 취향,

수준, 소비패턴을 쉽게 파악할 수 있게 해주는 좋은 지표였다. 그래서일까? 과거 영국의 귀족들은 구겨진 셔츠, 더러운 바짓단, 몸에 맞지 않는 슈트보다 더럽고 뒷굽이 닳은 구두를 신은 사람을 더 싫어했다고 한다. 이런 구두 차림이 더러운 옷보다 더 매너에 어긋난다고 생각했기 때문이란다.

구두는 남자의 품격의 상징이자 훌륭한 옷차림의 마무리다. 물론 열심히 일하는 남자일수록 신발이 많이 닳을 것이고 신경 쓰기도 쉽지 않을 것이다. 하지만 자신을 위한 투자라고 생각하고 패션의 완성인 구두로 디테일을 마무리해보자. 그리고 늘 잘 손질하여 자신의 품격과 스타일을 유지하자. 평퍼짐한 정장에 물광 구두 대신, 자신에게 잘 맞는 세련된 감각의 구두를 고르자. 어떤 옷에 어떤 구두를 신을 것인지 신중하게 생각해두면, 자신만의 느낌을 살릴 줄 아는 진정한 멋쟁이가 될 수 있을 것이다.

구두는 발이 가장 커지는 오후 시간에 신어보고 발

끝에 최소 1cm 정도 여유가 있는 사이즈를 고르는 것이 좋다. 신발은 항상 발이 편한 게 최우선이므로, 구두의 뒤축이 단단해서 신고 벗을 때 편하고 쉽게 주름지지 않는 것, 그리고 구두의 밑창이 부드러워서 발바닥에 피로감이 적은 것을 고르자.

요즘은 정장 대신 평상복이 확산되면서 정장구두 대신 플랫슈즈나 로퍼, 운동화 같은 캐주얼화를 많이 신는데, 어떤 신발을 신든 항상 위생에 신경 쓰고 자주 갈아 신어야 한다. 그렇지 않으면 금방 더러워지고 낡아 보여 깔끔한 인상을 주지 못하기 때문이다. 남자의 신발은 정장구두든 운동화든 무조건 깔끔해야 한다. 구두는 가장 마지막으로 착용하는 아이템이지만 가장 먼저 주목하게 되는 아이템이다.

여자는 남자의 구두를 주목한다. 구두가 남자의 얼굴이자 품격이다.

구두를 보면
인생이 보인다!

늘 밝고
아름답다

마침 근처를 지날 일이 있어서 들렀다는 광고회사 김 부장, 조금 피곤해 보이긴 했지만 밝은 얼굴로 큰 가방을 메고 성큼성큼 걸어온다.

"부장님, 요즘 좋은 일 있나 봐요?"

"좋은 일은요. 일이 너무 많아 며칠째 밤새워 일하고 있습니다."

쑥스러워 엄살을 피웠지만 내게는 이렇게 들렸다. "조금 힘들긴 하지만, 보람 있고 재미도 있어서 그 어느때 보다 행복하게 일하는 중입니다. 좋은 일 있는 것 맞습니다!"

자신이 좋아하는 일에 열정을 다하는 직장인과 단순히 생계를 위해 마지못해 일하는 직장인의 얼굴은 표정에서 이미 구별된다.

열정적인 직장인은 아무리 몸이 고되고 힘들어도 항상 표정이 밝고 얼굴에서 미소가 떠나지 않는다. 현재의 고생이 자신의 꿈에 한 걸음 한 걸음 다가가는 의미 있는 과정이라고 믿기 때문이다.

반면 마지못해 일하는 직장인은 저녁 6시에 칼퇴근을 해도 늘 몸이 피곤하다. 새해 달력을 받으면 가장 먼저 빨간 날부터 세어보고 휴가 계획을 세우는 것도 바로 이런 이들이다.

자신의 업에 열정을 다해 최선을 다하고 있느냐는 질문에 30% 미만의 직장인만이 "그렇다"라고 대답했다고 한다. 대다수 직장인이 자신의 업에 모든 것을 쏟지 않고 무미건조하게 일하고 있다는 이야기다.

이를 반영하듯 대다수 직장인의 얼굴에서 열정을 찾아보기란 쉽지 않다. 열정 없는 얼굴은 전혀 아름답지가 않다.

지금 거울 앞에 서서 당신의 얼굴을 자세히 들여다보라. 현재 하고 있는 일이 가슴이 두근거리고 신나는가? 그렇다면 당신의 얼굴은 밝고 아름다울 것이다.

만약 당신의 얼굴이 아름답지 않고 어둡고 지치고 그늘져 있다면, 당신은 지금 하는 일을 사랑하지 않는 것이다. 그렇다면 이제 고민해야 한다. 지금부터 하고 있는 일을 사랑할지, 아니면 사랑하는 일을 찾아 나설지.

성공하는 남자 중 자신의 일을 사랑하지 않은 사람은 단 한 사람도 없다. 모두 자신의 일을 사랑했기에 진심 어린 열정을 다했다. 그래서 그들의 얼굴은 늘 밝고 아름답다. 몸가짐 역시 언제나 당당하고 활기차다.

당신이 그들처럼 여유로운 미소와 아름다운 얼굴을

갖지 못한다면, 당신은 좋은 기회를 얻기 힘들 것이다.

열정과 미소로

아름다운

얼굴을 만들어라!

운전 매너가
좋다

"여기서 좌회전하는 것 같던데… 앗!"

오 대표의 차가 갑자기 급제동을 했다. 덕분에 옆자리에 앉아 있던 내 몸도 급격히 앞쪽으로 쏠렸다.

"김 대표님 괜찮으세요?"

오 대표가 급히 날 쳐다보며 물었다.

"네. 괜찮습니다."

내가 놀란 가슴을 쓸어내리며 말했다.

"죄송합니다. 앞차가 갑자기 방향등 없이 끼어들어서. 다치지 않아서 다행이네요."

오 대표는 나를 안심시킨 후 다시 차를 출발시켰다. 앞차를 향해 경적을 울리지도, 상향등을 깜빡거리지도 않았다.

"대표님은 괜찮으세요? 그나저나 대단하시네요. 보통 남자분들은 운전하다 이런 경우가 생기면 화를 내시던데."

내가 물었다.

"아? 하하. 뭐 급한 일이 있었나 보죠. 아니면 운전이 서툴거나. 바쁜 사람들끼리 화내고 싸워서 뭐하겠어요? 그냥 이해하는 거죠. 보세요. 안 그래도 미안하다고 비상등을 깜빡거리잖아요."

오 대표가 웃으며 말했다.

그 모습을 보니 문득 몇 주 전 다른 분의 차에 탔을 때가 떠올랐다.

"저런 미친놈이 있나? 저런 자식들은 혼 좀 나봐야 해!"

모 회사 윤 상무는 우리 앞에 끼어든 차를 향해 신경

질을 내더니 갑자기 액셀을 밟으며 차의 속력을 확 높였다. 몸이 뒤로 쏠리고 차체도 심하게 흔들려서 옆자리에 앉은 나는 불안해 죽을 지경이었다. 하지만 윤 상무는 아랑곳 않고 레이싱을 펼치더니 기어코 아까 그차 앞에 똑같은 방식으로 급작스럽게 끼어들었다. 이번에는 그 차가 급브레이크를 밟은 듯했다.

"짜식! 아무것도 아닌 게."

윤 상무는 의기양양 말하더니 다시 차선을 바꿔 그차와 나란히 섰다. 그리고는 창문을 열고 그 운전자에게 소리쳤다.

"야! 임마! 운전 똑바로 해!"

물론 그 차 운전자도 가만히 당할 리 없었다.

"XX! XXX! XXXX!"

바로 험한 말이 돌아왔다.

"뭐? 임마!"

더 놔두면 진짜 큰 싸움이 벌어질 판, 나는 전력으로 윤 상무를 말렸고 덕분에 우리는 그 상황을 넘길 수 있었다. 지금 생각해도 머리 아프고 아찔한 순간이었고,

그 일 이후 윤 상무에 대한 나의 호감은 깨끗이 사라졌다. 이제는 함께 일하고 싶지 않은 사람 중 한 명이 되어버린 것이다.

이상하게 남자들은 운전할 때 쓸데없는 자존심을 부리곤 한다. 갑자기 끼어드는 것, 누가 나를 추월하는 것을 못 견딜 뿐만 아니라, 누군가 차선을 잘못 들어서거나 해서 자신의 진행에 조금이라도 지장을 주면 엄청나게 화를 낸다. 평소와 너무나 상반된 모습에 당혹스럽기도 하지만, 결국 운전할 때 나오는 모습이 그 사람의 본모습이 아닐까 싶다. 평소엔 가면으로 본성을 감추지만, 운전대를 잡으면 진짜 모습이 튀어나오는 것이다.

운전은 대단히 위험한 일이다. 작은 사고만 나도 크게 다칠 수 있기 때문이다. 그래서 운전할 때는 이기고 지고가 없다. 그냥 안전하게 목적지에 도달하는 것만을 목표로 삼아야 한다. 특히 누군가를 태우고 운전을 할 때는 그 사람이 불안하지 않게 더욱 안정감 있게 운전

해야 한다. 잘 끼어들고, 위반 잘하고, 속도 대결에서 지지 않는 것에 감탄하는 사람은 아무도 없다.

　여자는 남자의 운전매너를 살핀다. 점잖은 운전 매너로 쓸데없는 일에 감정소모하지 말고 자신의 삶을 충실하게 사는 남자임을 드러내라.

매너는
자신의 품격을
보여준다!

펜하나에도
스토리가있다

"전무님, 만년필이 정말 멋지네요?"

계약서에 서명을 하는 강 전무를 보다 펜이 먼저 눈에 들어와서 말했다.

"네, 이 펜이 저의 비밀무기입니다."

강 전무가 웃으며 말했다.

"비밀무기요?"

"네. 방금 김 대표님이 그러셨듯이 이 만년필을 보면 열에 아홉은 펜이 멋지다며 말씀을 걸어오시죠. 제가 고객들과 자연스럽게 대화를 이끌어나갈 수 있게 해주는 최고의 무기인 셈이지요."

강 전무가 답했다.

"아~ 그런가요?"

"이게 그냥 펜이 아닙니다. 제게 무척 뜻깊은 스토리가 담겨 있어요. 아버님께서 생전에 늘 가지고 다니셨던 펜이거든요. 이 펜으로 서명하면 어떤 일이든 잘 풀린다고. 그러다 돌아가실 때 제게 물려주신 거니까, 제겐 정말 남다르죠. 그래서 저도 10년 넘게 이 만년필을 사용하고 있는데, 저도 제 아버지처럼 이 펜으로 서명하면 정말 일이 잘되는 것 같아요. 그래서 대표님과의 이 계약도 아주 잘 성공시키고 싶어서 지금 특별히 이 펜을 쓰는 겁니다."

강 전무가 호탕하게 웃었다.

단순히 펜이 멋지다고 한마디 건넸을 뿐인데, 의외의 이야기가 술술 풀려나와 흥미로웠다. 이야기를 다 듣고 나니 나와의 협업에 강 전무가 정성을 많이 쏟고 있다는 느낌이 들어서 고맙기도 했다. 이 정도면 이 만년필은 정말 강 전무의 비밀무기라 할 수 있지 않을까?

 묵직한 만년필은 남자의 성공을 상징한다. 그래서 대기업에서는 신임 임원들에게 승진 선물로 만년필을 선물하기도 하고, 모 금융회사에서는 전임자가 후임자에게 만년필을 물려주기도 한다. 좋은 만년필은 사용하는 것만으로도 그 사람의 품격을 느끼게 한다. 더군다나 멋진 만년필에 스토리도 담겨있다면 그 매력은 훨씬 배가 된다.

 꼭 만년필이 아니어도 스토리와 사연이 담긴 물건을 쓰는 사람들이 많다. 어떤 대표는 모자에, 어떤 상무는 구두에 사연이 있고, 어떤 디자이너는 태블릿에 자신만의 스토리를 담고 있다. 이들의 공통점은 자신이 아끼는 물건을 설명할 때 눈빛이 반짝인다는 것이다. 자기가 좋아하는 걸 이야기하니까 절로 신이 나는 것이다. 그렇게 신이 나는 순간이 많아지면 결국 삶이 행복해지는 것 아닐까?

여자는 남자에게 특별한 물건이 있을 때 반한다. 만년필이든, 구두든, 안경이든, 모자든, 정장이든, 자신을 기분 좋게 해주는 비밀무기를 갖출 줄 알기 때문이다.

물건에
스토리를 담아라!

나이듦을
즐긴다

"와~ 교수님, 이런 음악도 들으시네요?"

40대 후반 이 교수의 차에 동석하게 되었는데, 최신 걸그룹 음악이 흘러나왔다.

"네. 제가 이 친구들을 좋아해서 노래 연습 중이거든요."

"그래요?"

"노래뿐 아니라 춤도 연습 중이에요."

"그러시군요. 동안의 비결이 걸그룹 음악인가 봐요?"

춤은 조금 오버가 아닌가 하는 생각이 들었지만, 일

단 덕담을 했다.

"에휴~ 동안은요. 학생들을 상대하다 보니 눈높이는 20대인데, 몸은 늙어 가네요."

그는 씁쓸하게 웃으며 한숨을 내쉬었다. 그는 아무래도 계속 오빠 소리를 들으며 살고 싶은 모양이다. 들리는 얘기로 그는 동안을 유지하기 위해 피부과와 성형외과에도 많은 돈을 투자하고, 인기 웹툰이나 게임도 놓치지 않는다고 한다.

얼마 후 실제로 이 교수의 춤과 노래를 감상할 기회가 생겼다. 그가 제자들과 함께하는 모임에 초대한 것이다. 그 자리에서 직접 확인한 그의 무대는, 기대와 달리 영 아니었다. 40대 후반 남자의 최신 댄스곡에 맞춘 퍼포먼스는 오히려 안쓰럽고 초라하게 느껴졌다. 평소 빛나던 그의 동안도 그날따라 빛바래 보였다. 나이를 극복하려는 그의 몸부림은 지켜보던 우리 모두의 마음을 무겁게 했다.

이 교수와는 정반대되는 사례가 있다.

"제가 이 노래를 어렸을 때 처음 듣고 너무 멋지다고 생각했는데, 그동안은 부를 수가 없었어요. 나이가 너무 어려서 어디 가서 이 노래를 부르면 다들 까불지 말라고 하시더라고요."

60대 초반 신 교수가 제자들이 준비해준 생일파티에서 마이크를 잡고 말했다. 그의 익살에 좌중의 웃음이 터졌다.

"그런데 이제는 어디 가서 이 노래를 불러도 아무도 뭐라 하지 않는 나이가 되었습니다. 그래서 너무 행복해요. 인생에서 아주 큰 즐거움이 생겼습니다. 이 노래를 부르려고 평생을 기다려왔거든요."

그다음 이어지는 그의 노래 〈My Way〉, 결코 가수처럼 잘 부른다고 할 수는 없지만, 군데군데 하얗게 센 머리칼, 이마에 인자하게 자리 잡은 주름과 함께 세월을 입고 걸걸해진 목소리로 기교 없이 담백하면서도 진솔하게 부르는 그의 노래는 듣는 우리들의 마음을 묘하게 울렸다. 신 교수의 노래가 끝나자 우리 중 누가 먼저랄

것도 없이 큰 박수가 터져 나왔다. 그 무대에 선 그는 정말 작은 거인이었다.

"나이가 드는 건 굉장히 멋진 일입니다. 여러분은 아직 제 나이가 안 되어 봐서 잘 모를 텐데 기다려보세요. 정말 즐거운 시간들이 여러분을 기다리고 있어요. 기대해도 좋습니다."

노래가 끝난 후 이어진 신 교수의 인사말은 또 한 번 우리에게 감동을 주었다. 그는 정말 멋지게 나이 들어가고 있었다.

나이 드는 것에 가장 민감한 사람은 아마 배우일 것이다. 하지만 나이 들면서 점점 멋있어지는 배우들도 있다. 그들은 한결같이 이런 이야기를 한다.

"세월이 지날수록 행복해요. 그만큼 더 깊이 있고 진심이 담긴 연기를 할 수 있으니까요."

나이를 먹는 것은 누구도 피해갈 수 없는 당연하고 자연스러운 일이다. 그런데 이걸 비극으로 여기고, 나이보다 젊게 사는 것에 매달리는 사람들이 있다. 절대 그럴 필요가 없다. 그럴수록 스스로만 초라해지기 때문이다. 오히려 나이 드는 것을 자연스럽게 받아들이고, 그로 인해 얻게 되는 새로운 즐거움에 주목하는 것이 좋다. 겉모습만 이리저리 손을 대서 어색한 젊음보다 자연스러운 성숙미를 갖추는 게 훨씬 더 호감을 주기 때문이다.

나이에 맞는 자신감과 멋을 드러낸 남자에겐 깊은 품격이 드러난다. 나이 드는 것을 두려워 말아라!

나이든다는 것은
보다
자기다워지는 것이다!

메모하는
습관이 있다

대기업 화학회사 CEO 박 대표의 사무실을 찾았다. 책꽂이에 수첩이 가득했다.

"저 수첩들은 선물용인가요?"

"아니요, 제가 신입사원 때부터 매년 써 온 수첩입니다. 꽤 많네요."

그가 몇 개를 들고 와 보여주셨다. 수첩의 맨 앞장에는 올해 할 일과 목표, 뒷장에는 매일 아침, 저녁으로 읽으며 다짐했던 명언들이 적혀 있었다. 그 뒤로 하루하루 빼곡하게 적힌 일정과 체크할 사항, 만날 사람과 만난 사람, 나누었던 이야기와 새로운 아이디어 등이 이어졌다.

"이렇게 1년 2년 쓰다 보니 전년도에 목표한 것을 이루었는지, 그해에 어떤 생각을 했는지, 어떤 문제점들이 있었고 어떻게 해결했는지가 한눈에 들어옵니다. 당시는 참 어렵고 막막했는데 지나고 나니 뭐가 그리 힘들었는지 웃음도 나고, 지금 역시 쉽지 않은 일들이 앞에 있지만 지난날을 돌이켜 분명 잘 이겨낼 수 있으리라 생각합니다. 그리고 나중에 수첩을 보며 또 웃겠지요. 수첩을 쓰다 보니, 일정 관리도 잘 되고, 깜빡 잊고 빠뜨리는 일도 없어서 굉장히 도움이 됩니다."

박 대표의 확신에 찬 목소리는 수첩 예찬론자가 분명했다.

성공한 사람들은 대부분 메모하는 습관이 있다. 토머스 에디슨, 에이브러햄 링컨, 레오나르도 다빈치 등 역사 속 위대한 인물들 또한 메모광이었다. 이들은 주머니에 늘 수첩과 펜을 들고 다닌 것은 물론, 심지어 화장실에서도 아이디어가 떠오르면 바로 메모했다고 한다.

20세기 최고의 경영자로 손꼽히는 잭 웰치 GE 회장은 식당에서 갑자기 떠오른 아이디어를 냅킨에 메모했는데, 이것이 나중에 GE의 핵심 전략 "#1 #2 or Fix/Sell/Close'(분야 1등과 2등 사업부가 아니면 고치거나 팔거나 폐쇄)가 되었다는 일화도 유명하다.

남자의 메모하는 습관은 여자에게 신뢰감을 준다. 요즘은 휴대폰에도 메모 기능이 있고 일정도 기록할 수 있지만, 그보다는 직접 기록할 수 있는 메모장이나 수첩을 활용해보자. 책상 위에도, 차 안에도, 양복 안주머니에도 언제 어디서든 기록할 수 있는 메모지와 펜을 준비하자. 메모하는 모습을 가장 흔히 볼 수 있는 자리가 CEO들의 모임이라는 것은 성공을 꿈꾸는 이들에게 시사하는 바가 크다. 메모하라.

머리를 믿지 말고
손을 믿어라!

그냥
한다

"미친놈 소리 많이 들었죠."

인물사진을 잘 찍기로 유명한 40대 초반 이 작가가 웃으며 말했다.

"밥 먹고 잠자는 시간 빼고는 계속 셔터를 눌렀어요. 아니, 꿈에서도 셔터를 눌러댔던 것 같아요. 분명히 좋은 사진을 찍었는데, 깨어 보니 꿈이어서 허무했던 적도 많았거든요. 거짓말 아니고 손가락이 잘 안 움직여질 정도로 셔터를 눌렀습니다. 이발도 안 하고 면도도안 하고 그냥 계속 찍는 거예요. 그렇게 미친 사람처럼 사진만 찍었더니, 조금씩 보이더라고요. 어떻게 찍어야 하는지, 어떻게 담아야 하는지. 그래서 저는 누가 사진에 대해 물어보면 알려줄 비법이 이것밖에 없어요. '찍어라. 미친놈 소리를 들을 때까지 계속 찍어라.' 구도는 이렇게 잡아라, 피사체는 이렇게 담아라 등등 다 필요 없는 이야기에요. 많이 찍는 것, 그러면서 스스로 느끼는 것밖에 답이 없거든요."

이야기를 들려주는 이 작가의 표정이 단호했다.

"비결은 없어요. 그냥 많이 찾아가는 거예요."

세일즈왕을 차지한 바 있던 모 보험회사 김 팀장도 비슷한 말을 했다.

"10명 찾아가면 1명이 계약을 해준다고 가정해봅시다. 그러면 10건의 계약을 따내는 방법은 100명을 찾아가는 거예요. 그걸로 안 되면 200명 300명 계속 찾아가는 거고요. 어떤 분들은 이때 확률을 높이겠다고 고민해요. 어떻게 하면 1/10의 확률을 2/10이나 3/10으로 높일 수 있을 것인가? 물론 좋은 접근이긴 한데, 이들

중 진짜 성과를 낸 사람들은 거의 못 봤어요. 참 이상하게도, 결과적으로 그냥 많이 만나러 다녔던 사람들이 성과가 좋았습니다. 저도 그랬고요. 정말이에요. 비결은 없어요. 그냥 찾아가는 거예요. 끊임없이."

그는 좋은 성과를 낼 수 있었던 유일한 비결을 이렇게 간단히 정리했다.

"오늘이 무슨 요일인지 몰라요. 날짜도 모르고요. 전 그냥 수영만 합니다."

올림픽에서 금메달을 싹쓸이했던 미국 수영선수 마이클 펠프스가 이렇게 말했다.

"생각은 무슨. 그냥 하는 거죠."

연습할 때 무슨 생각을 하느냐는 기자의 질문에 김연아도 이렇게 답했다.

펠프스와 김연아 두 절대강자의 생각이 거의 비슷한 것이 재미있다. 분야를 막론하고 최고가 되기 위해서는 비슷한 자세가 요구된다는 것을 의미하는 것일 테다.

뭔가 하려고 할 때 일단 앉아서 머리를 굴리는 사람들이 많다. 어떻게 하면 더 효율적으로 할 수 있을까 궁금하기 때문이다. 그건 엄밀히 말하면 그리 많은 시간을 쏟지 않고 열매를 맛보고 싶다는 뜻이고, 더 들어가 보면 그렇게 시간을 쏟는 게 아깝고 싫다는 뜻이기도 하다. 하지만 진짜 뭔가 해내는 프로들을 보면 대단히 많은 시간을 아낌없이 자신의 일에 쏟는다. 그들은 그렇게 쓰는 시간이 전혀 아깝지 않다.

여자는 남자가 일을 힘있게 밀어붙일 때 남자답다고 생각한다. 그렇게 그냥 될 때까지 하고 또 해야 결국 이루어진다는 것을 알기 때문이다.

그냥 될 때까지 해라!

나만이
내 인생을
바꿀 수 있다!

낄끼빠빠를
안다

"죄송합니다만, 그건 제가 아직 이렇다 저렇다 얘기할 자격이 없는 것 같네요. 더 훌륭한 분들이 많이 계시니, 그분들께 부탁드려 보면 어떨까요?"

오늘 만나기로 한 소비재회사 차 대표, 약속장소인 카페에 미리 도착해있던 그는 누군가와 통화를 하고 있었다. 일부러 들으려고 한 건 아니지만 내용이 귀에 들어오니 궁금증이 생겼다.

"먼저 와 계셨네요? 그런데 무슨 전화를 그렇게… 누가 귀찮게 하던가요?"

내가 웃으며 물었다.

"아. 어느 잡지사에서 인터뷰를 좀 하자고 하는데요, 거절했어요."

"그래요? 왜요?"

"회사가 아니라 저 개인에 대한 인터뷰를 하자고 하는데, 딱히 할 얘기도 없고. 일 때문에 바쁜데 이런 것에 시간 쏟는 것도 마음이 편하지 않아서요. 저는 아직 갈 길이 멀어요. 이런 자리에 나서는 게 좀 그렇더라고요."

차 대표가 내 얼굴을 쳐다보며 말했다. 겸손한 말씀. 차 대표는 업계에서 상당한 실력을 인정받는 주요인물이다. 그보다 훨씬 못한 사람들도 인터뷰다 강연이다 하며 많은 자리에 나서는데, 유독 진짜 실력자인 그는 그런 자리를 기피하는 것이다. 하지만 그래서인지 차 대표에 대한 주위의 평판은 더 높아지고 있다. 잘 만날 수 없는 사람, 여기저기 함부로 나서지 않는 사람, 항상 겸손한 사람으로 알려지면서 그를 찾는 사람이 더 많아진 것이다.

대조되는 케이스가 있다.

"대표님 오랜만이에요. 요즘 많이 바쁘시다면서요?"

우연히 강의장에서 만난 장 대표에게 인사를 건넸다.

"아! 김 대표님 오셨어요? 어휴! 말도 마세요. 요즘 책도 새로 나오고, 강연에 인터뷰에 정신없습니다. 아! 그리고 저 이번에 새로 방송도 하나 들어가게 됐어요. 거기 PD가 어찌나 와달라고 사정사정하던지. 아무튼 요즘 여기저기 부르는 데가 많아서 몸이 열 개라도 부족하네요."

장 대표는 반가운 얼굴로 자신의 근황을 설명했다. 바쁜 스케줄이 굉장히 자랑스러운 표정이다. 실제로 그는 한동안 강연장과 방송을 종횡무진하며 연예인 못지않은 스케줄을 소화했다. 하지만 얼마 지나지 않아 본업이 힘들어지고 허위 경력 논란까지 발생하면서, 결국 모든 활동을 멈추고 외국으로 유학을 떠났다.

살다 보면 주변에서 나를 인정해 주고 찾는 사람이 많아질 때가 있다. 대부분은 이때를 기회라고 생각한다. 이때를 놓치지 않으려고 먹는 시간, 자는 시간까지 줄

여가며 안간힘을 쓰며 자신을 알리려 나선다.

지금까지 힘들었던 것들에 보상받는다는 느낌도 들고, 세상 모두가 나를 주목하는 듯한 뿌듯함에 마냥 행복해지기도 한다.

하지만 이럴 때일수록 중심을 잘 잡아야 한다. 업의 본질과 중심에서 멀어지면 세상의 관심은 금방 꺼지기 때문이다. 나서면 나설수록 가치는 떨어진다. 흔하지 않은 것만이 귀하게 여겨지기 마련이다.

여자는 분위기 파악을 제대로 하고 진중하게 행동하는 남자를 귀하게 여긴다. 나설 때와 물러날 때를 정확히 알고 행동하는 사람은 실수가 적다. 무게감 있게 처신하고, 희소성을 유지하라.

현명한 사람은
결코
함부로 나서지 않는다.

독서에
진심이다

오랜만에 컨설팅 회사 김 대표와 저녁 약속이 있었다. 약속시간에 정확히 맞춰 도착했는데, 그는 이미 자리에 앉아 너무나 우아하게 책을 읽고 있었다.

"해야 할 일이 점점 많아져서 책 읽을 시간이 줄어들더라고요. 그래서 이렇게 짬 날 때마다 책을 펼쳐요."

김 대표는 웃으며 읽고 있던 책을 내려놓았다.

그러더니 뜬금없이 "저 골프도 끊었어요"라고 하는 게 아닌가?

"그렇게 좋아하던 골프를 왜 끊으셨어요?"

"책 읽을 시간을 너무 빼앗겨서요. 그리고 요즘은 차도 두고 다녀요. 대중교통을 이용하니까 운동도 되고 책도 읽을 수 있고, 정말 좋던데요?"

회사에서 기사와 차량을 제공해주는데도 불구하고 운동을 위해, 독서를 위해 대중교통을 선택했다는 말에 존경심이 들지 않을 수 없었다.

2020년 한국문화관광연구원의 '대한민국 독서 실태 조사'에 따르면 20대 성인의 평균 독서량은 월 1권 수준이다. 2022년 통계청 조사에서 1년에 한 권의 책도 읽지 않은 성인이 53%라고 한다. 독서 인구가 점점 줄어들고 있는 가운데 직장인의 직급, 연봉, 학력이 높을수록 독서를 선호한다는 의미 있는 조사 결과도 있다.

많은 직장인이 직장에서 별을 다는 것, 즉 임원이 되기를 꿈꾸고 있다. 그런데 1년에 단 한 권의 책도 읽지 않고서 임원이 될 수 있는 전문 지식과 정보를 쌓을 수 있을까?

점심시간 삼삼오오 모여 앉아 차를 마시는 젊은 직장인들의 이야기도 전날 방영된 드라마나 누구랑 누가 사귄다는 연예인 신변잡기가 대부분이다. 뭔가 심각한 다른 테이블의 이야기도 상사나 동료의 험담, 회사에 대한 불평불만으로 채워진다. 한 시간가량 앉아 있어도 단 한 사람도 "그 책 읽어 봤어? 내용 정말 좋아."라는 이야기를 꺼내지 않는다.

기업 CEO와 임원은 자신은 아직도 부족하다며 그 바쁜 시간을 쪼개서 책을 읽고 있는데, 그 자리를 꿈꾸는 젊은 직장인들은 왜 책을 읽지 않는 것일까?

스마트폰과 인터넷 정보에만 의존한다면, 얕은 지식은 얻을 수 있을지 몰라도 지혜는 얻을 수 없다. 얕은 지식은 시간이 지나면 사라지지만 책을 통해 얻은 지혜는 시간이 흘러도 변하지 않는다.

여자는 책을 많이 읽는 남자의 뇌는 섹시할 것이라 상상한다. 다방면에 유식해지려면 책을 가까이 하라. 책을 읽지 않는다면 당신은 성공할 수 없다.

보물섬에 있는 보물보다
책 안에
더 많은 것이 있다!

정리정돈이
잘된다

잡지사에 근무하는 김 기자는 얼마 전 휴대폰을 잃어버렸다. 지인들과 업무파트너, 취재원들의 연락처를 모두 잃어버린 것이다. 그는 요즘 전화가 올 때마다 "누구세요? 아! 팀장님? 죄송해요, 제가 전화기를 잃어버려서 연락처가 다 날아갔어요"를 반복하며 새로 저장해가고 있지만, 아직도 다 회복하려면 까마득하기만 하다.

IT 컨설팅회사에 근무하는 강 대리는 또 지갑을 잃어버렸다. 올해만 벌써 3번째다. 이번에도 역시 지갑은 찾지 못했다. 신분증과 카드발급을 위해 버린 시간이 얼마인지 모르겠다.

외국계 명품기업의 박 상무는 지금껏 물건을 잃어버려 본 적이 없다. 하다못해 우산 하나, 볼펜 한 자루도 어디에 두고 내리거나 한 적이 없다. 당연히 그런 일로 난처해진 적도 없다.

그는 또 늘 휴대폰 연락처를 컴퓨터에 백업해두고, 휴대폰을 잃어버리거나 새로 장만하더라도 바로 모든 연락처를 옮겨와 업무에 차질이 없게 한다.

박 상무가 물건을 잃어버리지 않는 비결은 정리정돈이다. 그는 필요할 때 헤매지 않고 쉽게 찾을 수 있도록, 서랍 속까지도 늘 완벽하게 정리해둔다. 스카치테이프 하나 찾느라 여러 서랍을 뒤지는 수고를 하지 않는 것이다. 집에서도 늘 같은 자리에 자동차 키를 두고, 같은 자리에 휴대폰을 둔다. 잠깐 외출할 때도 지갑과 휴대폰을 잊지 않는다. 미팅 자리에서 일어설 때나 차에서 내릴 때는 늘 가방이나 주머니 속 물건이 빠지지 않았는지 확인한다.

뿐만 아니라 중요한 서류나 연락처들은 컴퓨터 외에도 클라우드, USB 등에 백업해서, 어떤 경우에도 즉시 파일을 꺼내 사용할 수 있게 대비한다. 예상 가능한 모든 상황에 대비해 늘 주의를 기울이고 사고 발생확률을 최소화하는 것이다.

여자는 물건을 잘 챙기는 남자는 일에도 빈틈이 없다고 생각한다. 혹시 잃어버리거나 못 쓰게 되는 만일의 상황에 철저히 대비하라!

정리를 위해
1분을 쓰면,
1시간을
절약하게 된다!

의미를
소중히 한다

"이건 좀 배부른 소리로 들릴 수도 있지만…."

컨설팅회사 구 대표가 조심스럽게 입을 열었다.

"돈보다 더 중요한 게 있다는 어른들의 말씀이 거짓말이 아니더라고요."

"좀 더 자세히 설명해주시겠어요?"

내가 웃으며 말했다.

"회사가 어려울 때가 있었어요. 당장 이번 달 급여도 제대로 못 줄 것 같은. 그래서 아는 사람들에게 돈을 빌려 겨우겨우 달을 넘기곤 했죠. 그러다 보니 마음이 얄

팍해지더라고요. 이게 뭔가? 내가 사업을 제대로 하고 있는 게 맞나? 그래서 일단 무조건 돈을 벌어야겠다는 생각이 들어서, 그다음부터는 모든 걸 돈 위주로 생각하면서 독하게 했습니다. 일도 이것저것 안 가리고요. 덕분에 사업이 조금씩 성장세로 돌아섰죠."

구 대표가 잠깐 생각에 잠겼다가 다시 입을 열었다.

"그런데 이상한 일이 생겼어요. 돈은 점점 더 잘 벌리는데, 이상하게 직원들이 별로 신나 하질 않는 거예요. 저는 이제 한숨 돌릴 수 있어서 너무 마음이 놓이는데, 직원들의 표정이 밝아지질 않더라고요. 그래서 어느 날 허심탄회하게 대화를 해봐야겠다 싶어서 워크숍을 갔는데, 뜻밖의 이야기를 들었어요. 별 보람이 안 느껴진다는 거예요. 차라리 예전 힘들었을 때가 마음은 더 편했다고. 그때는 뭔가 의미 있는 일을 한다는 느낌이 있었는데, 지금은 그냥 돈만을 목적으로 일하는 것 같아서 자존감도 안 생기고 재미가 하나도 없다는 겁니다. 대단히 충격적이었죠."

"그렇군요……."

내가 고개를 끄덕였다.

"혼란스러웠어요. 한번 힘들어져 보니까 사업에 있어서 돈이 얼마나 중요한지 절실히 깨닫게 되어 변화를 꾀했던 건데, 그 정도가 너무 심해서 직원들이 자존감을 잃었던 거죠. 물론 돈도 중요하지만 의미, 가치 이런 게 더 중요하구나. 본질은 돈이 아니라 의미구나라는 걸 느끼게 됐어요. 그래서 그날 직원들과 정말 긴 시간 동안 대화하고, 이후에도 여러 차례 회의를 거쳐 회사의 방향을 잡았습니다."

"어떻게요?"

"절대 돈을 최우선으로 두지 말자. 의미와 가치를 포기하지 말자. 우리가 봤을 때 의미 있는 일, 가치 있는 일만 맡고 그걸 잘 해내는 데 최선을 다하자. 아무리 돈을 많이 쥐도 이건 아니다 싶은 일은 하지 말자 등등. 몇 가지 지침을 공유했죠."

"그래서 어떻게 되었나요?"

"당장 매출은 좀 줄었어요. 하하, 당연한 일이죠. 하지만 분위기가 회복되더라고요. 다시 사람들이 생기에

차기 시작하고, 자존감도 높아지는 것 같고. 아마 이런 식으로 쭉 노력하면 결국 더 잘할 수 있지 않을까 싶어요."

구 대표의 미소에서 이제 다시는 흔들리지 않을 철학이 느껴졌다.

사람들은 누구나 처음엔 바른 생각, 멋진 철학과 비전이 있다. 하지만 현실에 부딪히고 풍파를 겪다 보면 초심을 잃고, 점점 현실에 순응하기 시작한다. 세상에 맞춰 자신을 바꿔 가는 것이다.

"결국 돈이 최고였어."

"실패하면 다 소용없어."

"교과서는 교과서일 뿐이야."

이렇게 말하며 스스로 자신의 마음을 시들게 한다. 우리가 젊었을 때 그렇게 답답해하고 바꾸고 싶었던 꽉 막힌 어른들과 똑같은 모습이 되어버리는 것이다.

처음의 의지를 꺾지 않아야 한다. 의미 있는 일, 가치 있는 일을 포기하지 않아야 한다. 의미를 선택하고 가치를 선택한다고 해서 승승장구하는 것은 아니다. 대단히 힘든 과정이 펼쳐질 것이고, 중간에 계속 좌절할 수도 있을 것이다. 하지만 그럼에도 불구하고 의지를 꺾지 않을 때, 자신의 주관을 지켜나갈 수 있을 때, 비로소 세상이 나를 발견하고 평가하게 된다. 남들처럼 꺾이지 않은, 초심을 유지하고 있는, 의미를 지켜나가고 있는 나를 알아보는 것이다. 그 시간이 얼마나 걸릴지 모르지만, 성공은 그때까지 참다운 나를 유지할 수 있느냐 없느냐에 따라 갈리는 것이 아닐까 싶다.

여자는 생각이 반듯한 남자에게 호감을 느낀다. 삶의 철학이 분명해야 흔들림 없이 미래를 개척할 수 있기 때문이다. 더 많은 돈, 더 큰 명성보다 훨씬 중요한 것은 스스로에 대한 자부심과 자존감이다.

길이 막혔다면
원점으로 돌아가라!

Part-03

business
비즈니스

상대의 마음을 얻어라

휴대폰 연락처
저장법이 다르다

화장품회사 대표와의 미팅 자리였다. 내선 전화로 통화 중이던 대표의 휴대폰이 울려 할 수 없이 대신 전화를 받게 되었다. 휴대폰 화면에 상당히 긴 이름이 떴다. 자세히 보니 '강대범 C사 전략팀장 32세 독서광'이라고 적혀 있었다. 잠시 후 휴대폰을 건네니 그는 이름을 한 번 확인한 후 전화기 속 상대에게 이렇게 말했다.

"어, 강팀장, 요즘 흥미롭게 읽고 있는 책은 뭔가? 자네가 추천해주는 책이 인사이트가 있어 나에게도 도움이 되어서 말이야."

화기애애한 분위기로 통화가 끝나고 물었다.

"연락처 저장방식이 독특하네요?"

"기억력이 점점 없어져서 이렇게 해 두지 않으면 전화가 와도 이름만으로는 누군지, 그 사람의 특징을 기억하지 못 하거든요. 그래서 귀찮지만 이렇게 하나하나 저장하고 있어요."

전화 속 주인공인 강 팀장은 이 대화 후 어떤 느낌을 받았을까? 사소한 것까지 기억하며 안부를 묻는 대표에게서 인간미와 친밀감을 느끼지 않았을까?

수입차 B사 딜러 중 영업실적 1등을 하는 이 팀장의 휴대폰 연락처도 비슷하다.

'김지영 30세 여, xx530i, 홈쇼핑 오너. 23년 2월'

이름뿐만 아니라 성별, 직업, 구입한 차량과 연도까지 자세하게 정리되어 있다. 이 팀장이 고객과 전화를 할 때면, "홈쇼핑 사업, 여전히 잘 되시지요? 흰색 차량은 금방 더러워져 보이니 자주 세차해 주세요. 그래야 깔끔한 김 대표님 이미지와 잘 어울리니까요"라는 식으로 세세한 감동을 준다.

　이러한 만남 이후 나 또한 같은 방식으로 휴대폰 연락처를 저장하기 시작했다. 기억력도, 세심함도 부족했지만, 이젠 전화가 오면 전보다 빨리 그 사람에 대해 기억해 낼 수 있게 되었고, 아는 척도 할 수 있게 되었다. 그랬더니 어느 순간부터 주변 사람들에게 "어머, 이런 것도 기억하고 정말 세심하네요."라는 인사를 듣게 되었다.

　오랜만에 전화했는데 상대방이 어정쩡한 목소리로 "누구세요?"라고 묻고, 자신의 이름을 이야기하고 나서야 "아 네⋯" 하는 반응을 보이는 상황을 겪어 본 적 있을 것이다. 그런 사람과 전화를 받자마자 "아! 지영님 반가워요. 준호(아이 이름)는 잘 크나요?"라고 묻는 사람, 둘 중 누구에게 더 호감을 느끼겠는가?

　만일 당신이 그 많은 사람들을 모두 기억하지 못한다면, 당장 휴대폰 연락처에 기억해야 할 내용을 저장해두는 센스가 필요하다.

　휴대폰 이름에 상대방 정보를 저장하라!

　여자는 남자가 감탄할 정도로 사소한 것까지 놓치지 않고 기억해줄 때 반한다.

　당신은 상대의 특징을 어떤 식으로 정리하여 기억하고 있는가?

기억해주는 것
자체로
감동한다!

사전조사를
한다

"김 대표님은 이제 HR이 진짜 천직이 된 건가요? 피아노나 패션은 이제 완전히 미련을 버렸나요?"

인터뷰를 위해 만난 모 그룹 회장이 내게 먼저 질문을 해왔다. 그것도 나의 과거를 알아야 할 수 있는 질문인데 말이다.

"어떻게 아셨어요? 제가 피아노랑 패션에 관심 있었던 거요?" 놀라서 물었다.

"조사를 좀 했지요. 프로필도 살펴보고 인터뷰 기사도 좀 읽어보고 블로그와 SNS도 살짝 들여다봤습니다."

그가 큰소리로 웃으며 말했다.

"아 그러셨군요. 사전 조사를 철저히 하셨는데요."

"제 이야기를 들으러 찾아와 주시는 손님인데, 당연히 저도 공부 좀 해야죠. 그래야 더 좋은 대화가 되지 않겠어요?"

미소 띤 그의 얼굴이 달라 보였다. 그 후로도 그는 몇 가지 더 내 삶과 맞닿아 있는 깊은 질문을 했고, 덕분에 그와의 대화는 지금까지도 굉장히 인상적인 기억으로 남아있다.

어떤 사람은 인터뷰하러 가면서 상대에 대해 전혀 알아보지 않고 임하는 경우가 있다. 이런 사람들은 꼭 다 알고 하면 무슨 재미냐고 핑계 대곤 하는데, 이건 기본이 안 된 것이다. 누군가를 만날 때는 항상 상대에 대해 최대한 미리 공부해서 잘 이해하고 있어야 한다. 그래야 성공적인 대화를 끌어낼 수 있다. 보통 이런 작은 부분, 너무나 당연한 부분을 소홀히 하기 때문에 많은 사람이 성공에 가까이 가지 못하는 것이다.

앞서 소개한 회장은 자신을 인터뷰하러 오는 사람에 대해서도 미리 공부했다. 그 정도면 그가 평소에 만나는 수많은 사람에 대해서도 미리 철저히 공부하고 대화에 임한다는 것을 짐작할 수 있다. 그가 그 자리에 앉아 있는 것이 전혀 이상해 보이지 않는다.

좋은 질문이 좋은 대답을 이끌어낸다고 한다. 그리고 좋은 질문은 상대를 잘 알아야 할 수 있다. 누구를 만나든 가치 있고 의미 있는 시간을 만들고 싶다면, 그런 대화를 이끌 수 있는 좋은 질문을 하고 싶다면, 상대에 대해 철저히 공부하자.

여자의 마음을 얻고 싶은가? 사전조사를 하라! 상대에게 깊은 관심을 가질수록, 상대의 마음을 얻기 쉽다는 것을 기억하라.

우리는 관심을 갖는 사람에게만
관심을 갖는다!

언제나 반듯한
명함을 준비한다

정기 포럼 자리에서 같은 테이블에 앉게 된 처음 보는 사람과 명함을 건네며 인사를 했다.

그는 뒷주머니에서 영수증으로 불룩한 지갑을 꺼내어 여기저기 뒤적이더니 "아이쿠, 이런. 제가 명함 가져오는 것을 깜박했네요. 지갑에 몇 개 있는 줄 알았는데… 죄송합니다. 다음에 만날 때 드리겠습니다."라며 첫인사를 말로 대신했다.

포럼이 끝나고 자리를 뜨는데 또 다른 처음 보는 사람이 다가와 인사를 하더니 명함을 달라고 했다. 명함을 건네고 상대의 명함을 받으려 하니 "죄송합니다, 가져온 명함이 다 떨어져서요, 다음에 준비해서 드리겠습니다." 하고 떠났다.

두 사람 모두 명함 대신 어디에 누구라고 자신을 소개했지만, 사람들로 북적대는 공간에서 정확히 알아듣고 기억하기는 어려웠다. 그래서 나는 지금 그들을 기억하지 못한다.

새롭게 만나게 된 사람들과 인사를 나누며 명함을 주고받는 것은 직장인들의 기본 인사 매너이다. 이때 명함을 준비하지 못했거나, 가져온 명함이 떨어져 없다고 말로 인사를 대신하는 것은 최악의 매너다. 스스로는 별일 아닌 것으로 생각하겠지만 그것만으로도 그 사람은 자기소개 하나도 제대로 할 줄 모르는 준비성 없는 사람으로 낙인찍히고 만다.

며칠 전 대기업 디자인 상무로 회사를 옮겨간 지인

을 우연히 사우나에서 만났다. 오랜만이라 너무 반가워 서로의 근황을 이야기하고, 연락처를 주고받기 위해 탈의실로 나와 가운만 걸친 채 어색하지만 아주 정중하게 명함을 교환했다. 그리고 바로 다음 날, 어제 만나서 반가웠다며 자주 보자는 메일을 주고받았다.

당신의 명함은 언제 어디서나 가장 깨끗하고 깔끔한 상태로 당신과 함께 있어야 한다. 미팅 전, 모임 전에는 만나게 될 사람의 수를 예상하고, 충분한 명함을 준비하는 성의가 있어야 한다.

명함은 첫 만남에서 자신을 소개하고 어필할 수 있는 유일한 수단이다. 명함이 없다는 것은 당신을 소개할 준비가 되지 않았다는 것이다. 그럴 때는 차라리 인사를 하지 않는 편이 낫다. 준비되지 않은 사람의 인사는 아무도 반가워하지 않기 때문이다.

남자가 심플한 명함 지갑에서 구김 없이 반듯한 명함

을 건네며 깍듯하게 인사할 때 여자는 호감을 느낀다.

명함을 주고받는 것이
만남의 시작이다!

활기차게
인사한다

"안녕하세요? 좋은 아침입니다!"

사무실이 떠나갈 듯 힘찬 목소리, 김 차장의 아침인사는 언제나 우렁차다. 반면 여 대리의 아침인사는 맥이 탁 풀린다. 도살장에 끌려오는 소처럼 다 죽어가는 모습으로 온갖 인상을 쓰며 슬며시 들어와, 입만 뻥긋 인사를 하는 둥 마는 둥이다.

퇴근할 때도 김 차장은 "수고하셨습니다! 내일 뵙겠습니다!"라며 하루의 피로를 풀어줄 듯 목청을 돋워 즐겁게 인사하고 나간다. 하지만 여대리는 퇴근 30분 전부터 부스럭부스럭 책상을 정리하고, 6시 '땡!'하면 아무 말 없이 사라진다.

김 차장은 늘 에너지가 넘치고 열정적이어서 업무 성과는 물론 대인관계도 뛰어나다. 직장 내에서 김 차장에 대해 불평하는 사람은 거의 없다. 반대로 여 대리는 특별히 잘못한 일이 없어도 괜히 미움을 받는지 점심도 혼자 자주 먹는다. 주변에 친한 동료들이 없어 회사생활에 별 재미를 못 느끼고 근무시간에도 전화기만 붙들고 있다.

원만한 대인관계를 원한다면 밝고 깍듯한 인사부터 시작해보자. 진심을 담은 인사만으로 당신은 만날 때마다 나를 기분 좋게 해주는 사람으로 기억될 수 있다. 억지로 하는 인사는 절대 하지 말자. 상대는 당신이 어떤 마음으로 인사하는지 느낄 수 있다.

멀리서 아는 사람과 마주쳤을 때도 '날 알아봤을까? 너무 멀어서 못 알아보겠지? 그냥 모르는 척 지나가자.'

하지 말고 반드시 큰 목소리로 반갑게 아는 척을 하자. 못 본 것 같아도 틀림없이 상대는 당신을 알아봤다. 그때 당신이 인사를 하지 않고 지나간다면 불필요한 오해를 사게 된다. 만약 그가 당신을 알아보지 못했다고 해도 적극적으로 인사하는 당신의 모습은 아름답게 보인다. 하지 않아도 될 인사를 하는 당신은 그에게 친절함과 예의바름으로 기억될 것이다.

상대의 마음을 얻고 싶은가? 누구보다도 밝고 활기차게, 적극적으로 인사하라!

인사성이
좋은 사람이
대인관계도 좋다!

미팅 후
소감을 전한다

금융회사 대표님께서 들려주신 이야기.

"며칠 전 30대 초반 남자 친구를 인터뷰했는데, 경력
도 좋고 인상도 반듯한 참 멋진 젊은이었어. 마음속으
로 '이 사람 참 괜찮다'고 생각하고 있었는데, 그날 저녁
그 친구로부터 이메일이 왔더라고. '좋은 기회를 주시
고, 귀중한 시간 내주셔서 감사합니다. 소중한 경험이었
습니다.'라는 감사의 글이 적혀 있는데, 읽는 순간 아주
기분이 좋았지. 그래서 다른 회사에서 채가기 전에 얼
른 입사시켰어."

나 또한 비슷한 경험을 한 적이 많다. 검증된 실력에 매너도 좋은 후배와 즐겁게 대화를 마치고 돌아오는데, 휴대폰으로 문자가 왔다. '오늘 조언 정말 감사합니다. 많은 도움이 되었고요, 조만간 식사 대접하겠습니다.'라는 내용이었다. 문자를 확인하면서 절로 입가에 미소가 지어졌다.

주목받는 남자와의 미팅 후에는 항상 메시지가 도착한다. '집에 잘 도착했는지' 안부를 묻고, '시간 내주어 감사하다, 많은 도움이 되었다' 등 간단한 감사 인사를 꼭 덧붙인다. 작성하는데 1분도 안 걸리는 그 몇 줄의 메시지가 상대에게 주는 호감은 대단하다. 이는 그 사람의 경쟁력으로 이어진다.

당신은 미팅 후 문자나 이메일을 보내는가? 만일 아니라면, 이제부터라도 보내라. 단순한 문자 한 통, 이메일 한 통이지만 받는 사람은 당신의 배려와 진심에 감동한다. 상대의 마음을 얻는데 대단한 선물이 필요한 것이 아니다. 미팅 시간에 늦지 않게 도착하고, 미팅 이후 보내는 따뜻한 메시지 한 통이 당신을 훨씬 돋보이게 만든다.

여운을 남기는 남자가 되고 싶은가?
미팅 후, 감사의 마음을 담은 메시지를 보내자.

이메일, 메시지 한 통으로
상대의 마음을 얻는다!

이메일, 짧게 쓰고
빠르게 답한다

졸업을 앞둔 대학생으로부터 아무리 스크롤 바를 내려도 끝나지 않는 장문의 이메일을 받았다. 내용을 떠나 그 장대한 분량을 보는 순간 '헉!'하는 느낌이 들어 도저히 읽어볼 엄두가 나지 않았다. 그래서 제쳐 두고 다른 이메일부터 읽고 답장을 쓰기 시작했다. 메일 체크를 모두 마치고 나서도 여전히 그 이메일을 읽을 생각을 하니 숨이 턱 막혔다.

비즈니스맨들은 하루에 수십 통의 이메일을 받는다.

많은 사람은 수백 통을 받기도 한다. 그런 사람들에게 이런 장문의 이메일은 정말 반갑지 않다. 무슨 할 말이 그렇게 많을까? 마음을 가다듬고 읽어보니 온통 넋두리고, 사실 몇 문장만으로도 충분히 정리 가능한 내용이었다. 더 허탈했다.

장문의 이메일을 쓰는 사람은 이력서나 자기소개서, 또는 다른 업무문서도 길게 쓸 확률이 높다. 이는 성의가 있는 것이 아니라 요령이 없는 것이다. 자신이 알리고자 하는 내용을 간결하고 정확하게 표현하는 것은 이메일을 포함한 비즈니스 문서 작성의 기본이다.

그게 잘 안 되는 사람은 장황한 글로 타인의 시간을 뺏기 때문에 조직에서 인정받을 수 없다. 물론 그 메일을 작성하느라 보낸 자신의 시간 역시 허무하게 낭비한 것이다. 예전보다 이메일 커뮤니케이션이 훨씬 활발해진 요즘은 더욱 그렇다.

이메일을 쓸 때는 최대한 간결하게 핵심만 요약하라.

그리고 보내기 전에 다시 충분히 읽어보고 쓰지 않아도 되는 내용은 과감히 삭제하라. 지우고 또 지워서 도저히 뺄 수 없는 내용만 남겨두라. 생 떽쥐베리가 말했다. '완벽이란 더는 보탤 게 없는 상태가 아니라, 더는 뺄 게 없는 상태'라고.

이메일 답장을 쓸 때도 지킬 것이 있다. 최대한 빠른 시간에 답장을 써야 한다는 것이다. 24시간 이내, 되도록 그날을 넘기지 말고 답장을 해야 한다. 만약 오후 늦게 이메일을 받는다면 최소한 다음 날 오후까지는 답장을 주는 게 좋다. 만약 간단히 답할 수 없어 시간이 필요하다면 며칠 고민한 후 다시 답변하겠다는 내용이라도 미리 보내야 한다. 이메일 답장이 늦어질수록 보낸 이의 마음은 멀어지기 때문이다. 이메일이 잘 갔는지 수신확인은 되었는지 몇 차례나 들락날락하며 확인할 상대의 마음을 헤아려야 한다.

만약 출장 등으로 장기간 자리를 비워 빠른 이메일 확인이 어려울 경우에는 공백 기간과 당신의 업무를 대

신할 사람의 이름과 연락처가 담긴 자동응답 이메일을
설정해 놓는 것이 좋다. 물론 스마트폰을 이용해 차질
없이 계속 확인하는 것이 가장 좋다.

상대의 마음을 헤아린 남자의 세심한 이메일은 여자
를 반하게 한다.

간결하고 정확하게,
핵심만 간단히!

과감하게
거절한다

"죄송합니다. 제가 요즘 프로젝트 때문에 너무 바빠
서 도저히 시간이 안 나네요."

"그건 제 분야가 아니라서요, 다른 분을 찾아보시죠."

"아니요. 관심 없습니다. 미안합니다."

업계에서 명성이 자자한 40대 초반 김 대표는 돌직
구 거절남이다. 자신에게 들어오는 여러 가지 제안을
말 그대로 돌직구로 거절하기 때문에 붙은 별명이다.
이제 막 창업했다며 조언을 구하고 싶다는 젊은 친구
도, 제휴를 제안하는 회사도 김 대표의 거절을 피할 수 없다. 김 대표는 정말 칼같이 거절한다.

"요즘 여기저기서 대표님 찾는 곳이 많아 많이 힘드시죠?"

내가 물었다.

"저 업계에서 부탁 들어주지 않는 사람으로 유명한 거 아시잖아요?"

김 대표가 호탕하게 웃으며 답했다.

"거절당하면 사람들이 많이 서운해하지요?"

"네. 하지만 그렇다고 해서 제게 중요하지 않은 일에까지 다 시간을 쏟을 순 없지요. 저도 예전엔 이러지 않았어요. 다른 사람의 부탁을 거절하지 못해 엄청나게 일이 많았죠. 그래서 늘 제가 해야 하는 일, 제게 꼭 필요한 일이 아닌데도 어쩌다 보니 남들과 엮여서 해야만 하는 그런 일들로 제 삶이 가득 채워지더라고요. 이러면 안 되겠다 싶어 독하게 마음먹고 쓸데없는 일들은 다 쳐내기 시작했습니다."

그가 다부진 목소리로 말을 이었다.

"예를 들어 지금 막 회사를 창업했다, 또는 창업 준비 중이다는 분들에겐 제가 해줄 얘기가 별로 없어요. 해줘도 지금 그들이 받아들이거나 이해할 수 있는 것도 아니고요. 서로 경험의 폭과 관심사가 어느 정도 맞아야 얘기가 되는 거지, 안 그러면 그냥 뭔가 한 것 같긴 한데 남는 건 없는 그런 시간이 되거든요. 시간 낭비죠. 제휴 제안도 마찬가지예요. 서로 영향력이 비슷해야 하는데, 보통은 저희의 명성을 이용해 상대회사가 일방적으로 이익을 보는 식으로 되어 있거든요. 그런 건 모두 거절하는 거죠. 저희에게 전혀 도움이 안 되니까."

냉정한 듯 들리지만, 틀린 이야기는 아니었다.

"이렇게 불필요한 시간 낭비들을 다 쳐내야, 정말 저에게 중요한 일을 할 수 있는 시간이 생겨요. 쓸데없는 것들을 거절할 줄 알아야 진짜 일을 할 수 있더라고요."

김 대표는 낮지만 단호한 목소리로 말했다.

정말 거절해도 될까? 남들이 이기적인 사람으로 보지는 않을까? 이런 생각 때문에 원치 않는 일을 자꾸 맡아 하게 되는 경우가 있다. 물론 남을 위해 헌신하는 건 좋은 일이지만, 그것 때문에 정작 자신이 해야 할 일을 못 하게 된다면 이건 본질을 놓치는 일이다. 남들만 도와주다 자신이 잘못되면 아무 소용없기 때문이다.

거절은 무례한 행동이 아니다. 아닌 걸 아니라고 하지 않으면 온갖 쓸데없는 것들로 내 시간이 다 점령당해버리기 때문이다. 냉정하게 생각하고 단호하게 거절할 수 있어야, 자신의 성장을 도모할 수 있다. 모든 사람의 기대를 충족시켜야 한다는 강박관념에서 벗어나야 한다.

과감하게 거절할 줄 아는 남자는 오히려 매력적이다.

거절은
무례한 행동이 아니다!

눈빛이
살아있다

학교 후배와 만날 일이 생겼다.

"안녕하세요? 선배님."

반갑게 인사하며 들어오는 모습이 벌써 사람을 기분 좋게 만든다. 자신이 하고 있는 일, 앞으로 하고 싶은 일에 대해 조목조목 이야기하는 모습에서 자신감과 열정이 느껴졌다. 특히 초롱초롱 빛나는 눈빛이 기억에 강하게 남았다.

오랜만에 만나본 강렬한 눈빛이었다.

며칠 후, 잘 알고 지내던 사모펀드 회사, 임 대표로부터 회사에 자리가 생겼다며 적임자를 추천해달라는 연락이 왔다. 이야기를 듣는 순간 그 후배가 떠올랐다. 마침 그 후배도 관심 있어 하는 회사였다.

임 대표는 평소 사람 보는 눈이 까다로운 것으로 유명하다. 그런데 그분도 후배를 보자마자 눈빛에 반해 "아! 이 친구 괜찮겠구나!" 생각했다고 한다. 그리고 이야기를 나눠보니 역시 첫 느낌이 틀리지 않았다는 걸 확신했다며, 매력적인 사람을 소개해줘서 고맙단다.

맑고 깨끗해서 보는 이로 하여금 저절로 웃음 짓게 하는 좋은 기운의 눈빛이 있다. 그런 눈빛은 눈을 부릅뜬다고 나오는 것이 아니다. 자신의 일을 사랑하고 자신감이 차 있을 때, 그 긍정의 기운이 자연스럽게 눈빛으로 나오는 것이다. 여자는 남자의 눈빛이 살아있을 때 반한다.

지금 거울에 비친 당신의 눈빛은 빛나고 있는가? 당

신이 사람들에게 열정이 가득 담긴 빛나는 눈빛을 보여
주지 못한다면, 그만큼 성공은 멀어질 것이다.

눈빛은 어떤 경우에도 거짓말을 하지 않는다!

눈은
많은 것을 말한다!

상대가먹고
싶은걸시킨다

"아, 뭘로 고르지? 둘 다 맛있어 보이는데."

파트너사들끼리 만난 식사 자리에서 한 여자 팀장이 봉골레 파스타와 토마토 파스타를 두고 고민했다.

"얼른 골라요. 다들 기다리잖아요."

옆에 앉은 그의 상사가 살며시 핀잔을 줬다.

"네. 그럼 토마토로 할게요."

여자 팀장이 고심 끝에 토마토 파스타를 시켰다. 하지만 봉골레를 향한 아쉬운 눈빛도 채 거두질 못했다. 잠시 후 주문한 메뉴가 나왔다. 하지만 여자 팀장은 토마토 파스타가 기대한 맛이 아니었는지 표정이 밝지 않다. 그러자 맞은 편에 앉아 있던 최 팀장이 말을 걸었다.

"으… 봉골레 처음 시켜봤는데 제 입맛에는 안 맞네요. 팀장님 혹시 괜찮으시면 저랑 바꾸실래요? 제가 원래는 토마토를 좋아하거든요."

"아, 그래요?"

여자 팀장이 반색하더니 서로 접시를 바꾼다. 여자 팀장은 뜻밖의 행운에 감사하며 봉골레를 맛있게 즐겼다. 하지만 나는 알고 있다. 이건 행운이 아니라 최 팀장의 배려라는 걸.

최 팀장의 주특기는 상대가 좋아하는 것 시키기이다. 음식점에 가든 카페에 가든, 그는 늘 상대가 좋아할 법한 메뉴를 시킨다. 그래서 두 가지 음식을 시키면 하나는 새로운 도전을 하고 또 하나는 안전한 걸 시킬 수 있게 상황을 만들어준다. 그리고 혹 새 도전이 실패하면 적당히 핑계를 대면서 자신이 시킨 안전한 음식을 상대에게 양보한다.

대체 왜 그렇게 하느냐고 물은 적이 있다. 그러자 그는 이렇게 대답했다.

"한 끼 정도 맛없는 거 먹는다고 크게 문제 되는 것도 아니고, 저는 저랑 같이 있는 사람이 즐거운 게 좋거든요. 그리고 제가 입맛이 까다롭지 않아서 보통 다 잘 먹어요. 그래서 그렇게 하는 거예요."

별 것 아닌 것 같지만, 다른 사람을 위해 맛있는 음식을 포기하는 건 결코 작지 않은 배려다.

최 팀장의 주특기가 하나 더 있다. 점심 두 번 먹기다. 그는 미팅 상대가 식사를 했는지 안 했는지를 항상 물어보고, 안 먹었다고 하면 자기도 공복이라며 꼭 식사하러 가자고 한다. 방금 식사를 하고 왔으면서도 상대를 위해 또 함께 식사를 해주는 것이다.

최 팀장은 상대가 먹고 싶은 걸 시킨다거나 함께 식사를 해주는 등 작지만 결코 쉽지 않은 배려로 늘 상대와 좋은 협업을 이끌어 내고 있다.

맛있는 음식과 상대의 마음을 얻는 것 중 당신은 무엇을 선택하겠는가?

영리한 남자가 되자!

음식점에서도 상대를 살펴라!

배려는
마음으로
하는 것이다!

기다릴
줄안다

양 과장은 이직을 위해 외국계 IT 회사에서 인터뷰했다. 순조롭게 마무리된 듯해 느낌이 좋았고, 인터뷰한 회사에 기회를 주어 감사하다는 이메일도 잊지 않았다. 그런데 일주일이 지나도 결과가 오질 않았다. 양 과장은 회사 인사팀에 이메일을 보내 언제쯤 인터뷰 결과를 받을 수 있는지 문의했다. 인사팀은 아직 인터뷰가 남았으니 조금만 더 기다려 달라고 답장을 했다. 그다음 날 양 과장은 다시 이메일을 보내 결과 발표가 언제인지 또 물었다. 나오는 대로 알려주겠다는 짧은 답신이 왔다.

그다음 날 양 과장은 인사팀에 직접 전화를 걸었다. "제가 다른 회사에 이력서 넣은 곳이 있어서 그러는데, 정확히 언제쯤 결과를 받을 수 있을까요?" 그날 이후 양 과장은 아침저녁으로 이메일과 전화를 하여 "오늘까지 는 꼭 알려주셔야 합니다. 제가 다른 회사에서 오퍼를 받아 최종결정을 하기 위함이니, 오늘 중으로 꼭 답변 부탁드립니다."라는 협박 아닌 협박까지 감행했다.

결국 양 과장은 불합격 통보를 받았다. 사실 처음 양 과장을 인터뷰한 인사팀의 피드백은 그리 나쁘지 않았 지만, 스토커처럼 계속 결과를 재촉하는 태도가 그들을 질리게 만든 것이다.

인터뷰를 마치면 시간을 내주셔서 감사하다는 이메 일 한 통이면 충분하다. 결과를 묻는 전화는 절대로 해 서는 안 되는 행동이다. 재촉하는 모습은 당신을 이 인 터뷰 하나에만 목을 매고 있는 초라한 사람으로 비치게 한다. 회사에 입사하고 싶은 열정으로 받아들여진다면 다행이겠지만, 다른 회사에 모두 떨어지고 이 회사가 마지막 회사인 듯한 생각이 들게 하기 쉽다.

인터뷰 후에는 누구나 결과가 궁금하고 하루라도 빨리 알고 싶다. 하지만 몇 차례 인터뷰했을 뿐인 당신과 달리, 인사담당자들은 다른 후보자들도 인터뷰하고 그들에 대한 평판 조회도 해야 한다. 그들에겐 그만큼의 시간이 더 필요한 것이다. 거기다 대고 아직 결정이 나지 않았냐고 자꾸 묻고, 연락이 없는 걸 보니 불합격이 아닌가 싶어 불쾌한 마음까지 내비치는 건 합격을 탈락으로 바꾸는 아주 어리석은 행동이다.

조바심 내고 경거망동하는 남자와 매사에 자신감 있게 임하고 묵묵히 결과를 기다리는 남자 중 누구에게 더 끌리는가? 여유롭게 기다려라.

조바심이 일을
그르친다!

계산하는
모습도 다르다

증권사에 다니는 정 과장이 저녁을 사주었다. 즐겁게 대화를 마치고 나와 계산할 때 보니, 지갑 속이 굉장히 깔끔하게 정리되어 있었다. 5만 원짜리부터 1천 원짜리까지 종류별로 깨끗하게 펴져서 같은 면을 바라보고 있고, 지폐 개수도 지갑이 망가지지 않을 만큼만 들어있었다. 카드도 자주 쓰는 몇 가지만 가지런히 정돈되어 있는데, 지갑 상태만으로도 '왠지 이분은 일도 깔끔하게 잘할 것 같다'라는 생각이 들었다.

며칠 후 다른 지인과 식사할 일이 생겼다. 그는 계산대 앞에서 구겨진 신발을 펴서 신으며 여기저기서 지갑을 찾았다. 한참 후 겨우 뒷주머니에서 지갑을 발견하고 꺼내 들자 주머니에서 영수증과 명함들이 함께 딸려 나와 바닥에 굴렀다. 그는 떨어진 명함과 영수증을 주우며, 지갑 속 수많은 종류의 카드 사이에서 카드 한 장을 꺼내 들더니 "어, 아니네." 하며 다시 집어넣었다. 그러고는 겨우 찾아낸 카드 하나를 내려놓으며 머리를 쓸어 올리는데, 어느새 이마에 땀방울이 맺혀 있었다.

어찌나 힘겨운 과정인지, 보는 내가 다 가슴이 답답했다. 계산하기 위해 신용카드 한 장 찾는데도 이렇게 오랜 시간을 보내야 하는 사람, 그는 다른 사람들에게 유능한 이미지로 기억될 수 있을까?

여자가 주목하는 남자는 계산하는 모습도 다르다.
허둥지둥 덜렁거리는 준비성 없는 사람으로 보이지 말고, 깔끔하게 정리된 지갑으로 준비성을 뽐내라. 당신에 대한 평가는 언제 어디서든 이루어진다.

누군가 당신이 계산하는 모습까지 지켜보고 있다.
지갑을 정리하라!

준비된 자에게
기회는 온다!

통화 가능한지
묻는다

"아니, 이게 뭐야?"

고객사와 미팅을 마치고 나왔더니 휴대폰에 부재중 전화가 5통이나 찍혀 있었다. 모두 같은 사람으로부터 온 전화였다. 미팅에 방해될 것 같아 무음모드로 해두 었더니 전화를 안 받는다고 이렇게 여러 번 한 것이다. 대체 얼마나 급한 일이길래 그랬을까? 얼른 전화를 걸 었다.

"죄송합니다. 미팅 중이라 전화 온 줄 몰랐네요. 어떤 일로 연락하셨어요?"

"아, 김 대표님 안녕하세요? 다름 아니라 다음 주 모임 참석하는지 궁금해서요."

아… 맥이 탁 풀렸다. 친목모임 참석 여부를 확인하려고 그렇게 여러 번 전화를 걸었다니… 그 정도는 한 번 걸어서 안 받으면 문자로 해도 충분하지 않은가?

반대로 아주 깔끔한 매너를 보여주는 분도 있다.

"김 대표님, 잠시 통화 가능할까요? 지난번에 보내주신 계약서 초안에서 좀 수정했으면 하는 부분이 있어서요."

투자회사 권 대표가 문자를 보내왔다.

"지금 외부에 있어서 조금 곤란한데, 사무실 복귀 후 전화드리겠습니다."

내가 답장을 보냈다.

"네, 좋습니다. 그럼 오시면 알려주세요."

다시 그의 문자가 왔다. 덕분에 서로 통화하기 편한 상황에서 이야기를 나눌 수 있었다.

권 대표는 아무리 중요한 문제라도 그냥 바로 전화하

지 않는다. 꼭 상대가 지금 통화 가능한 상황인지 문자로 먼저 묻고, 동의를 얻은 다음에 전화를 건다. 문자를 보낼 때도 어떤 용건 때문에 그러는지도 간략히 알려준다. 상대로 하여금 이 통화를 언제 해야 할지 가늠할 수 있게 배려해주는 것이다.

만약 문자 답장이 오지 않으면 지금 곤란한 상황이려니 생각하고 차분히 기다린다. 절대 다시 재촉하거나 못 참고 전화하지 않는 것이다.

통화 가능 여부 정도야 먼저 전화를 걸어서 물어봐도 되지 않느냐고 생각하는 사람들도 있겠지만, 문자로 묻는 것과 전화로 묻는 것은 느낌이 많이 다르다. 미팅이나 중요한 자리에서 전화벨이 울리면 일단 방해를 받기 때문에, 그 이후에 통화 가능 여부를 묻는 건 그리 큰 도움이 되지 않기 때문이다.

전화 통화 하나만으로도 상대를 배려하는지 안 하는지를 확연히 구분할 수 있다. 소통의 기본은 상대를 배

려하는 것이므로, 이런 작은 부분도 소홀히 해서는 안
된다.

용건이 있다고 해서 무작정 전화하지 말고, 문자로
먼저 통화 가능 여부를 물어라!

상대를 배려하는 남자는 보이지 않는 상대의 상황까
지 살필 줄 안다. 일방적이지 않은 양방향 소통을 할 줄
아는 남자의 가치는 시간이 흐를수록 커진다.

배려는
푼돈을 목돈으로
돌려 받게 한다!

선물도
브랜딩이다

"조 대표님, 보내주신 꿀 잘 받았습니다. 정말 감사합니다!"

교육컨설팅 일을 하는 조 대표에게서 명절 선물이 왔길래 감사 전화를 했다. 수많은 선물이 오고 가서, 누가 뭘 보냈는지 기억하기도 힘든 명절이지만, 조 대표의 선물은 늘 똑똑히 기억한다. 그는 항상 같은 선물을 보내기 때문이다.

같은 사람에게 같은 선물을 보내면 재미없을 것 같

아 늘 새로운 선물을 고심하는 사람들이 있다. 그런데 이럴 때는 시야를 조금 더 넓혀서 판단해봐야 한다. 상대에게 선물을 보내는 사람이 나 혼자라면 늘 같은 선물을 보내는 게 조금 지겨울 수도 있다. 하지만 나 말고도 많은 사람들이 선물을 보내기 때문에 지겹다는 걱정은 할 필요가 없다. 이럴 때는 오히려 어떻게 해야 기억에 남을지를 고민해야 한다. 기껏 선물을 보냈는데 여러 선물에 치여 뭐가 오고 갔는지 알지 못한다면 아무리 정성으로 하는 선물이라도 보람이 없기 때문이다.

이때 필요한 건 반복이다. 나와 가장 잘 맞는 아이템을 하나 선택한 후 계속 그걸 보내는 것이다. 그러면 사람들이 나의 선물을 '기억'하기 시작한다.

조 대표가 꿀을 보내는 이유가 있다. 가까운 친척 중에 지방에서 꿀을 하는 분이 계셔서 특별히 토종꿀을 공수해오는 것이라 한다. 그런 배경설명을 듣고 나니 그의 선물이 더욱 친근하다. 그래서 해마다 명절이 가까우면, 조 대표가 보내올 꿀을 기다리게 된다. 더 비싼 선물을 보내오는 분들도 계시지만, 기억이 나질 않는다. 그 선물은 계속 바뀌기 때문이다.

　선물은 정성이다. 하지만 그와 동시에 브랜딩이기도 하다. 똑같이 명절에 선물하면서도 어떤 이는 돈은 돈대로 쓰고도 빛을 못 보는 반면, 어떤 이는 확실한 자기 브랜딩을 한다.

　여자는 남자가 선물 하나에도 자신의 존재를 확실히 인지시킬 때 그를 기억한다.

선물로
브랜딩을 해라!

판을
잘읽는다

"인맥이요? 천만에요. 누구 좀 아는 걸로는 아무 일
도 못 해요."

문화콘텐츠 기업 전 대표가 업계 모임에서 자신의 성
공비결로 인맥을 꼽은 지인에게 손사래를 쳤다. 전 대
표는 종종 다른 경쟁사들이 생각도 못 할 큰 프로젝트
를 수행하면서 업계의 주목을 받는 인물이었다. 그가
손을 댔다 하면 기업체와 언론사, 지자체뿐만 아니라
정치인들까지 함께 들어와 늘 시끌벅적한 이벤트가 되
니 다른 이들이 부러워할 수밖에 없었는데, 그는 자신

의 성공비결이 화려한 인맥이 아니라고 얘기하는 것이
었다.

"아는 사람이라고 도와주고 이러는 법은 없어요. 내
가 남을 도와줄지언정, 남이 나를 도와줄 거라 기대해
선 안 되는 것 같아요."

"그럼 어떻게 하는 거죠? 그런 영향력 있는 사람들은
어떻게 움직이는 거예요?"

다른 사람이 전 대표에게 물었다.

"움직인다기보다는, 제안하는 거예요. 그들이 필요로
하는 것들이 뭐가 있는지, 그건 어떻게 채워줄 수 있는
지를 파악하고 제안하는 거죠. 아무리 힘센 국회의원들
이라 해도 애타게 찾는 부분이 있고, 돈 많은 기업인들
도 좋아하는 부분이 있거든요. 언론사도 마찬가지고요.
저는 제각각 필요로 하는 것을 파악해 그걸 채워줄 수
있는 주체들끼리 엮어 서로서로 도움을 주고받을 수 있
게 각을 만드는 겁니다. 물론 그 안에서 저도 도움을 주
고받는 입장으로 들어가고요. 그렇게 하는 거예요. 누구
에게 줄을 대서 소개를 받고 한 번 도와달라 이런 식으

로는 아무 일도 못 합니다. 도와줄 이유가 없으니까요."

그의 비결은 간단하게 들렸지만, 실로 파워풀했다. 업계의 그 누구도 심지어 그가 운영하는 기업보다 더 규모가 큰 회사들도, 절대 그처럼 대규모 프로젝트를 멋지게 수행하지 못하기 때문이다.

"항상 누군가에게 협력을 요청할 때, 그가 필요한 게 뭔지를 파악해야 해요. 그래서 그걸 내가 채워줄 수 있으면 1:1로 가고, 내가 아니라 다른 조직이 채워줘야 할 것 같으면 그곳을 끌어들이는 거죠. 대신 그 조직의 니즈는 내가 채우거나 해야죠. 결국은 다 기브 앤 테이크입니다. 이것만 잘 맞으면, 그래서 각만 잘 맞추면, 아무리 큰 조직이라도 끌어들여 멋진 협업을 만들어갈 수 있어요."

"우리 조직은 작아서 큰 기업과 협력할 수가 없어."
"나는 아는 사람이 없어서 도움받기 힘들어."
"다들 끼리끼리 놀고, 우리 같은 회사는 안 끼워줘."
사람들은 자주 이런 이야기를 한다. 하지만 이는 성

공하지 못하는 남자들의 핑계일 뿐이다. 전 대표가 알려준 것처럼, 서로 간의 니즈를 잘 파악해서 적절한 각을 그려낼 수 있으면, 누구라도 아주 멋지게 협업할 수 있다. 연습과 노력이 필요하겠지만, 익숙해지기만 하면 나의 성장을 크게 이끌 수 있는 귀한 도구가 된다.

누구에게 무엇이 필요한지 니즈를 정확히 파악하라. 그 니즈를 채워줘야 판을 키울 수 있다.

니즈를 파악하고
각을 만들어라!

운을
만든다

"아이고, 이제는 망했구나!' 생각했어요."

카페 컨설턴트로 한창 뜨고 있는 정 대표가 입을 열었다.

"생각해보세요. 저는 정말 주먹 만한 동네 카페를 하고 있는데, 주변에 한두 개도 아니고 무려 10개의 대형 프랜차이즈 커피전문점이 들어선 거예요. 아무리 상권이 커진다고 해도 경쟁 가게가 10개가 생겼는데 배겨날 수 있겠어요? 이제 문 닫아야겠구나 싶었죠."

정 대표가 고개를 절레절레 흔든다.

"하지만 살아남으셨잖아요."

내가 물었다.

"네. 그게 참 제가 생각해도 놀라운데, 아무리 대형 카페가 생겨도 제가 만든 고유의 블렌딩 커피를 좋아하는 분들이 계시더라고요. 그런 분들이 자꾸 찾아와주고, 함께 저희 카페의 독특한 분위기를 유지해나가다 보니 매출이 줄지 않고 조금씩 더 늘어가는 거예요.

놀라운 일이었죠. 내로라하는 대형 카페들이 근거리에 밀집해서 들어왔는데 우리 가게가 더 성장하다니. 심지어 그 기간에 대형프랜차이즈 카페 몇몇 곳이 문을 닫고 다시 빠져나갔는데 말이에요."

정 대표가 말했다.

나도 고개를 끄덕였다.

"그랬더니 이제 신기하게도 소문이 나기 시작한 겁니다. 저 카페 신기하다는 거죠. 어떻게 10개 대형 카페들의 틈바구니에서 저렇게 쌩쌩하게 살아있을 수가 있느냐? 비결이 뭐냐? 이러면서 사람들이 찾아오는 거예요.

그렇게 한 분 두 분 찾아오는 분들에게 제가 알고 있는 노하우를 말씀드렸더니 그들이 또 다른 분을 소개하고 아무튼, 그래서 갑자기 카페 창업을 꿈꾸는 분들에게 제가 꽤 유명세를 타게 되었습니다. 프랜차이즈 카페 말고 직접 자신이 모든 걸 꾸미고 세팅하는 카페를 생각하는 분들이 저를 많이 찾아오더라고요.

그래서 이왕 이렇게 된 거 제대로 컨설팅을 해보자는 생각에 다른 전문가들과 관련 교육 프로그램을 마련하게 됐고, 지금은 제 카페 운영 외에도 이렇게 카페 컨설턴트로서 교육하고 강의하는 일을 많이 하게 됐네요. 참 운이 좋았죠."

그의 설명은 담담했지만, 그 이면에 깔려있을 그의 노력이 얼마나 절실했을지 굳이 말하지 않아도 알 수 있었다. 그는 경쟁자들을 이기기 위해 엄청난 노력과 연구를 계속했을 것이다. 그게 아니라면 절대 우연으로라도 그 경쟁 속에서 살아남을 수가 없었을 것이다.

더 인상적인 건 그의 대처다. 그는 자신에게 처한 경쟁 심화라는 악조건을 훌륭한 히스토리로 만들었다. 10개의 대형프랜차이즈 경쟁사와 싸워 살아남은 엄청난 노하우의 카페 주인이라는 그만의 스토리가 생긴 것이다.

정 대표는 스스로 운이 좋았다고 했지만, 이쯤 되면 그 운은 스스로 만들어낸 것이라 볼 수 있다. 누가 그러지 않았던가? 삶의 성공은 여러 가지 우연을 필연으로 바꾸는 데 있다고.

성공의 비결은 결국 운이라고 한다. 하지만 그 운은 절대 우연히 오지 않는다. 고집스럽게 노력을 멈추지 않는 사람에게만 비로소 찾아오는 것이다. 그러므로 성공하고 싶다면 운이 찾아올 때까지, 포기하지 않아야 한다. 즉 스스로 운을 만들어야 한다.

봄에 일찍 피는 꽃도 있지만, 늦가을에 피는 국화 같은 꽃도 있다. 꽃이 피지 않는다고 포기하지 말고 묵묵히 버텨라. 결국 당신의 꽃도 피어날 것이다.

여자는 남자가 포기하지 않고 운을 끌어올 때 반한다. 한 번 해서 안 되면 두 번 하고, 두 번 해서 안 되면 열 번 해서라도 운이 찾아올 때까지 버텨라. 버티는 것도 실력이다.

운은
행동하는 사람에게
달라붙는다!

Part·04

work
워크

홀로 빛나는 리더는 없다

면접 준비가
철저하다

국내 바이오 기업의 마케팅 임원 최종면접에 김 상무와 최 이사가 다녀왔다. 김 상무는 유명 외국계 소비재 기업에 근무하고 있는, 국내 명문대와 해외 MBA를 졸업한 화려한 경력의 소유자다. 최 이사는 국내 소비재 기업 출신으로 김 상무와 비교해 학력이나 경력면에서 조금 뒤처지지만 아주 성실하고 평판이 좋다.

회사에서는 처음엔 경력이 화려한 김 상무에게 관심이 많았다. 그런데 예상과 달리 압도적 점수 차로 최 이사가 최종 합격했다.

이유가 뭘까? 자신감으로 똘똘 뭉쳐 있던 김 상무는 면접 보는 회사에 대해 전혀 준비 없이 가서, 거만한 태도로 묻는 말에만 대답했다고 한다. 그리고는 이런 말까지 덧붙였다. "내가 연봉이 좀 많은 편인데 국내 회사에서 맞춰줄 수 있나요?" 반면 최 이사의 경우 소비재 산업은 잘 알지만 바이오에 대해 잘 몰라 며칠 동안 공부했다며 산업 분석, 회사 분석, 경쟁사 분석에 입사 후 계획까지 2시간에 걸쳐 프레젠테이션을 했다고 한다. 합격자는 그 자리에서 바로 결정이 났다.

경력자 중 일부는 면접에 가면서 "공부는 무슨, 그냥 지금껏 했던 일 이야기하고, 연봉은 얼마나 주는지 알아보는 거지. 또 안 되면 어때? 이 기회에 안면이나 터두는 거지."라는 안일한 태도를 보이는 경우가 많다. 심지어 회사의 위치도 정확히 모르고 가서 부근에서 헤매는 경우도 있다. 마지막으로 질문 있냐는 물음에도 아는 것이 없으니 "없습니다." 하고는 끝이다. 결과가 좋을리 없다. 그래 놓고 나중에 한다는 말이 "그 회사 사람 볼 줄 모르네, 그렇게 짧게 봐서 사람을 어떻게 평가한다는 거지? 그런 회사는 돼도 안 가는 것이 맞지."이다.

그런 사람들일수록 정작 자신이 주관하는 신입사원 면접에서는 "우리 회사에 왜 입사하려고 하느냐? 우리 회사에 어떤 도움을 줄 수 있느냐? 입사 후 포부는?" 등 수만 가지 질문을 쏟아낸다. 마치 신입사원의 뿌리까지 찾겠다는 의욕으로 이것저것 캐묻는다.

면접은 단순히 얼굴을 익히는 미팅이 아니다. 함께 일할 동료를 찾는 굉장히 진지하고 중요한 만남이다. 그런 자리에 아무런 준비 없이 나온다면 좋은 이미지를 줄 수 있을까?

여자는 남자가 자신에게 주어진 모든 기회에 철저히 준비된 모습으로 임할 때 반한다. 면접을 포함한 모든 기회에서 더 이상 할 수 없을 만큼 최선을 다해보자. 그 노력에 상대가 감동하게 될 것이다.

기회는 찾아오는 것이 아니라
발견해야 한다!

SNS도 철저히
관리한다

광고대행사에 근무하는 홍 대리는 SNS(Social Networking Service) 마니아다. 야근할 때나 퇴근길에 주로 글을 남긴다. 한번은 이런 글을 올렸다.

"타 회사에 비해 직원 수가 적다 보니 해야 할 일은 점점 많아지는데, 연봉은 너무 적다. 좀 더 편하고 돈 많이 주는 회사로 옮기고 싶다. 새로운 직원을 뽑으려고 해도 회사 사정이 너무 뻔한 것이 알려져 이젠 아무도 우리 회사에 오려고 하지 않고, 와도 얼마 되지 않아 나가버린다. 그래서 나는 늘 막내이다."

얼마 후 홍 대리는 구조조정 대상에 포함되었다는 청천벽력 같은 통보를 받았다. 우연히 홍 대리의 SNS를 보게 된 인사팀장이 홍 대리에게 많이 힘든 것 같은데 회사도 사정이 어려우니 나가 달라고 권유한 것이다.

SNS에 몇 글자 적은 것뿐인데 너무 하다고 생각하는가? 회사의 입장은 다르다. 한 사람, 한 사람의 글들이 모여 회사의 이미지를 만들기 때문에, 홍 대리와 같은 케이스는 모든 회사에서 기피할 수밖에 없다. 그 회사에 속한 한 사람 한 사람 모두가 회사의 얼굴이기 때문에 공개된 장소에서 회사를 비방하는 일은 자기 얼굴에 침을 뱉는 것과 같은 행동이다.

직장인들은 SNS에 글을 올리는 것이 개인적 영역이라고 생각하지만, 전혀 그렇지 않다. 다른 사람에게 자신의 정보와 의견이 공개되기 때문이다.

한 통계에 따르면 기업 채용담당자들의 73.7%가 인재를 뽑을 때 SNS나 블로그까지 확인하고 있다고 한다.

포장된 이력서와 인터뷰 말고, 당신의 평소 생각과 진짜 모습을 궁금해하기 때문이다.

지금 이 순간에도 SNS를 통해 당신의 평가가 이루어지고 있는 것이다. 기업의 채용담당자들은 회사에 적합한 인재를 뽑기 위해 이력서를 검토하고, 다양한 인터뷰를 통해 그 사람을 평가하고, 평판 조회를 통해 전 직장에서는 어떠했는지 그 사람에 대한 정보를 알아낸다.

SNS에 가볍게 남긴 글 하나가 엄청난 파장이 되어 돌아올 수 있다. SNS가 일기장이 아니라는 것을 인지하고 철저하게 관리하는 남자의 신중함은 여자를 안심케 한다.

인터넷에서도
누군가
당신을 지켜보고 있다!

몰래
일한다

중견기업 인사팀에서 근무하던 오 대리는 비밀이 있다. 그는 새벽 4시에 출근한다. 그리고 그날의 모든 업무를 오전 중에 다 처리한다. 오후에는 여유롭게 내일의 업무를 정리하며 보내고, 퇴근 후엔 자기 계발을 위해 영어학원과 피트니스센터에 들른다. 가끔은 동료들과 식사를 하기도 하지만, 보통은 일찍 들어와 잠을 청한다. 그리고 또 다음 날 새벽 4시에 출근한다. 이유가 뭘까?

"저는 가진 것이 아무것도 없습니다. 제가 할 수 있는 일이라고는 열심히 하는 것뿐입니다. 그렇다고 이를 악물고 일하는 모습을 남들에게 들키지 싶지는 않아요. 그래서 일찍 나와서 몰래 일하고 정확히 6시에 퇴근했습니다. 그랬더니 윗분들이 '저 친구는 별로 열심히 하는 것 같지 않은데, 일을 참 잘해, 신통해.' 이러시더군요. 그런 이야기를 들을 때 가장 행복합니다."

　오 대리는 새벽 4시부터 저녁 6시까지 하루 14시간씩 회사에 머무르는 엄청난 노력파지만, 자신의 노력을 티 내지 않았다. 덕분에 회사에서 머리 좋고 업무처리가 깔끔하다고 소문이 나서 남들보다 빠르게 승진했고, 지금은 부장이 되었다.

　매일 야근하고 주말 근무도 밥 먹듯 하는 직원이 성과를 못 내면 주변에서 뭐라고 할까?

　"저 사람 정말 성실하니까 분명 언젠가는 제 능력을 발휘할 거야."

　혹시 앞에서는 그럴지 몰라도 뒤에선 분명히 "열심히

만 한다고 되는 게 아닌데, 쯧쯧 사람이 스마트하지 못하고 좀 미련하구만." 이렇게 평가절하할 것이다. 노력은 엄청난 재능이지만 사람들은 그 재능을 잘 인정하지 않는다. 오히려 노력 대비 성과가 나오지 않는 것을 비웃는 경우가 많다. 자신들은 그만큼 노력하지도 못하면서 말이다.

당신의 노력을 티 내지 마라. 남들이 당신을 워커홀릭으로 보게 하지 마라. 남보다 더 열심히 해야 살아남지만, 그 모습을 보여줄 필요는 없다. 그것보다는 남들만큼만 하는 것처럼 보이면서 훨씬 뛰어난 성과를 내는 것이 더 좋다.

당신이 성과를 냈을 때 "저 친구는 워낙 열심히 하니까 저 정도는 해야지"라는 시큰둥한 반응과, "저 친구 정말 대단해. 언제 저런 것까지 준비했대?"라는 놀라움을 표하는 것, 둘 중 어떤 것이 더 나은지는 너무도 자명하지 않은가?

여자는 남자가 자신의 핸디캡을 노력으로 잘 포장하여 성과를 낼 때 반한다. 그것도 남들이 결코 눈치채지 못하게 은밀하게 티내지 않을 때 더욱 놀란다.

네 노력을
티내지 마라!

미리
끝낸다

대기업 지주회사 전략기획팀 한 팀장은 멀티태스킹의 대가이다. 늘 엄청난 일을 처리하고 있는데도 불구하고 마감시간을 넘긴 적이 없다. 비결을 물었다.

"저는 주어진 업무의 마감을 모두 1주일씩 앞당겨 정리합니다. 안 그러면 시간이 남아있다고 생각해서 게을러지기 때문입니다. 일단 1주일씩 앞당겨 마무리한 다음, 남은 1주일 동안 다시 검토해서 업그레이드합니다. 정해진 마감보다 훨씬 빨리 정리해야 하므로 스트레스가 되기도 하지만, 일정을 못 맞추는 실수를 저지를 우려가 없고 결과물의 수준도 높아져서 상당히 도움이 됩니다. 그래서 늘 이런 식으로 일하고 있습니다."

뛰어난 장인들은 우수한 품질의 결과물을 만들기 위한 일머리 방식에서 미련 없이 후자를 택한다. 학창시절 읽은 수필 〈방망이 깎던 노인〉에서도, 노인은 주인공이 이제 됐으니 얼른 달라고 재촉해도 자신이 만족할 때까지 계속 방망이를 다듬는 모습이 나온다. 그들은 그래서 명인이고 장인이라는 평가를 받는다.

하지만 직장생활은 다르다. 맡은 일의 완성도를 높이겠다는 일념으로 마감시간을 밥 먹듯이 넘기면 그는 퇴출된다. 직장인은 마감과 완성도를 동시에 잡아야 한다. 무조건이다.

마감은 늘 촉박하다. 생각해보라. "이 일은 급하지 않으니까 충분히 생각해보고 여유 있게 진행해"라는 업무 지시를 받아본 적이 있는가? 일은 언제나 급하게 생기고, 늘 시간이 부족하다. 그렇게 주어지는 일들을 차질

없이 처리하려면, 자신만의 관리 노하우가 필요하다. 중요도와 긴급도를 고려한 To do List를 만들든, 사소한 개인 일정을 줄여 시간을 확보하든, 아니면 한 팀장처럼 마감시간보다 미리미리 끝내는 습관을 들이든 방법은 자유다. 어쨌거나 마감을 넘기지 않는 게 중요하다.

정해진 시간 내에 최상의 결과물을 만들어내는 습관을 가진 남자는 늘 여유롭다.

나만의
마감시간을
정하라!

회사와 나의 가치를
착각하지 않는다

유명 대기업에서 영업을 하는 유 팀장이 회사를 옮기겠다며 연락을 해왔다.

"그렇게 좋은 회사에서 왜 나오려고 해요? 연봉도 많이 받고 계시잖아요"하고 물으니, "회사는 좋은데, 너무 경쟁이 치열해서 살벌하기도 하고, 연봉 좀 준다고 사람을 너무 괴롭혀서요. 제가 어디 가도 이 정도 못 받겠습니까?"라고 대답한다.

유 팀장의 회사는 업계 1위이고 경영성과도 좋아서

최고 수준의 연봉을 주고 있다. 연봉이 높은 만큼 업무가 많고 경쟁이 치열한 것은 어쩌면 당연한 일이다. 그런 회사를 떠나 다시 그 정도의 연봉과 인정을 받을 수 있을지 걱정이 되었다.

유 팀장은 자신의 성과가 좋았으니 얼마든지 자신을 모셔갈 회사가 있을 것으로 생각하고 바로 사표를 던졌다. 그런데 인터뷰를 다녀 보니 상황이 예상과는 판이하게 달랐다. 처음 그는 전 직장보다 20%를 올린 연봉을 요구했다. 하지만 업계 1위 회사보다 더 높은 연봉을 지급할 회사는 없었다.

그렇게 3개월이 훌쩍 지났다. 그에게 조금 더 현실적으로 생각해보라고 조언했지만 말을 듣지 않았다. 그는 자신의 가치를 알아봐 줄 회사를 찾아보겠다고 고집을 부렸고, 예전 인맥까지 총동원하며 노력했지만 별다른 성과 없이 1년이 넘는 기간을 더 허비하고 말았다.

현재는 지난번 연봉의 절반을 받고 중견기업에서 근무하고 있다. 처음 생각과는 완전히 다른 결과를 얻은 것이다.

회사의 브랜드와 자신의 가치를 착각하는 직장인들이 많다. 당신이 올린 성과는 당신이 열심히 했기 때문이기도 하지만, 그 뒤에 조직의 뒷받침이 있어서 가능했던 것이기도 하다. 맨땅에 헤딩해서 당신 혼자 이루어낸 것이 결코 아니다.

마찬가지로 사회에서 사람들이 당신에게 잘 대해주고 호의를 베푸는 것은, 당신의 명함에 적혀 있는 조직을 보기 때문이다. 유명 대기업의 팀장에게 호의를 베푸는 것이지, 유○○ 개인을 그렇게 좋아하고 인정하는 것은 아니다. 냉정하지만 사실이다.

많은 직장인들이 이런 간단한 사실을 이직 후에야 깨닫는다. 평소 그렇게 잘해주던 사람들이 회사를 옮기거나 독립하면 왠지 멀어지고, 예전엔 당연시했던 지원들이 새로 간 회사에서 이루어지지 않는 것을 경험하게 되면, 비로소 그동안 회사가 연봉 이외에 얼마나 많은 지원을 해주고 있었는지를 알게 된다.

자신이 조직으로부터 어떤 지원을 받고 있는지 정확히 인식하고, 자신이 무엇을 할 수 있을지 무엇을 해야 할지도 정확하게 판단해보자. 그렇게 자신의 네이키드 스트렝스(Naked Strength: 조직과 환경에서 벗어난 자기 본연의 힘)를 키우는 데 주력해서, 어떠한 후광 없이도 스스로 충분히 빛나는 존재로 만들어라.

여자는 자신의 가치를 객관적으로 바라볼 줄 아는 남자에게 혹한다. 어떤 일을 선택하거나 결정하는 상황에서 반드시 신중을 기할 것이라 믿기 때문이다.

자기 객관화를
하라!

묵직하고
진중하다

김 상무는 한 컨설팅회사에서 11년째 근무하고 있다. 컨설팅회사는 다른 기업에 비해 이직이 잦은 편이어서, 사장이나 임원도 수차례 바뀌었고, 같이 입사한 동료들 중에도 남아있는 사람이 별로 없다. 김 상무만 늘 그 자리에서 새로운 조직원들을 맞으며 일을 하고 있다.

김 상무 역시 타 회사로부터 좋은 조건의 스카우트 제의를 여러 차례 받았다. 하지만 그때마다 "현재 다니는 회사에 아주 만족하고 있어서 이직할 이유가 없습니다"라고 정중히 거절했다.

주변에서는 왜 그 좋은 기회를 다 놓치느냐며 답답해하기도 했지만, 이제 김 상무는 회사 최고의 핵심인물이 되었다. 그보다 더 회사의 히스토리와 노하우, 고객을 잘 꿰뚫고 있는 사람은 아무도 없다. 무슨 문제가 생길 때마다 모두가 그에게 의견을 묻고 의지할 정도다.

김 상무는 현재의 회사에서 CEO를 꿈꾸고 있다. 그동안 놓친 작은 경제적 이익들보다 훨씬 큰 보상을 받게 될 것이고, 평생 꿈꿔온 자신만의 경영을 실현할 수 있는 기회를 얻을 것이다.

평생직장이라는 개념이 사라진지 오래다. 오랫동안 다니던 직장에서 언제든 내쫓길 수 있다는 것을 아는 직장인들은, 자신도 언제든 좋은 기회가 주어진다면 이직하겠다고 생각한다. 이직을 통해 커리어를 개발하는 것이 너무나 자연스럽고, 요즘 같은 때 회사와의 신뢰를 이야기하는 것은 다분히 시대착오적인 발상이라 여기기도 한다.

하지만 진짜 그럴까? 회사가 직원을 평가할 때는 직

급에 따라 중시되는 것이 달라진다. 낮은 직급일 때는 능력이나 성과를 중시하지만, 직급이 올라갈수록 신뢰를 더 높이 평가하게 된다. 유혹이 와도 흔들리지 않고 회사와 함께 할 사람이 아니라면, 중책을 맡길 수 없기 때문이다. 잦은 이직을 한 사람보다는 한 자리에서 오랫동안 조직과 신뢰를 쌓은 이들이 CEO의 자리에 오르는 경우가 더 많다.

여자는 남자가 일희일비하며 가볍게 움직이지 않고 묵묵히 자신의 길을 걸을 때 반한다. 그의 진중함이 신뢰를 쌓고, 결국 최고의 자리에 올라설 것이라는 믿음이 있기 때문이다.

신뢰를 쌓아라.

신뢰는
행동을 통해
쌓는 것이다!

무시하지
않는다

"박 대표님, 김은수 부장이라고 아세요? 전에 이 회사에서 근무했다던데 우연히 모임에서 알게 되었는데 괜찮은 사람 같던데요?"

"아 그 친구? 우리 회사에 잠깐 있었지. 처음 왔을 때 아무것도 모르고 엉망이어서 내가 많이 가르쳤는데, 1년이 지나도 도무지 실적이 나오지 않아 내보낸 친구야. 아휴! 그 친구 때문에 고생도 많이 하고 회사에서 손해 많이 봤지."

과연 그럴까? 김은수 부장은 현재 박 대표 회사의 경

쟁사 임원으로 스카우트되어 최고의 성과를 내고 있다. 김 부장은 박 대표 회사 근무 시절부터 경쟁사에서 욕심내는 인재였다. 그와 잘 맞지 않는 조직문화에서 빛을 못 보고 있다가 이직과 함께 꽃을 피운 경우이다.

직장 동료나 후배 중 별 볼일 없어 보이고 실력도 없는 것처럼 느껴지는 사람이 있다 하더라도, 함부로 무시하거나 속단해서는 안 된다. 당신이 보고 있는 모습이 그 사람의 베스트가 아닐 수 있기 때문이다. 똑같은 사람이라도 자신에게 잘 맞는 조직이나 부서로 옮겨간 후 이전과 전혀 다른 성공 사례를 만들어가는 사람들이 얼마든지 있다. 당신이 무시했던 그 말단 직원이 어느 날 경쟁사에 가서 우리 회사의 존폐를 위협하는 놀라운 아이템을 만들어내는 그런 일이 사회에선 종종 일어난다. 그때 가서 '우리랑 있을 때 잘하지'하고 원망해 봤자 아무 소용없다. 잘못은 그 사람의 잠재력을 알아보지 못한 당신에게 있기 때문이다.

동료의 보이는 모습이 초라하고 보잘것없더라도 그 사람의 숨은 능력을 살피려 노력하라. 아무리 찾아봐도 가능성을 찾을 수 없는 사람이라면? 그래도 험담하지 말아야 한다. 끝까지 신중을 기해라. 나중에 그 동료가 날개를 활짝 펴고 비상할 때가 되면, 그들은 자신을 인정해 준 당신을 기억할 것이다.

여자는 남자가 동료를 함부로 평가하지 않을 때 오히려 존경하는 마음이 생긴다. 험담하기 좋아하는 사람은 남을 깎아내리면 자신의 가치가 올라가는 것으로 착각하는 답답한 이들뿐이다.

남을 깎아내리지 마라.

칭찬에는
발이 달렸고,
험담에는
날개가 달렸다!

혼자가아니라
함께한다

컨설팅회사에 근무하는 박 선임은 늘 홀로 쓸쓸히 사무실을 지킨다. 대부분의 컨설턴트들은 프로젝트가 끝나기 무섭게 또 다른 프로젝트로 투입되는, 쉴 틈 없이 바쁜 나날을 보내는 상황에서 그는 동료들이 함께 일하길 꺼려 늘 혼자 남아있다.

그는 1년 전 4차례의 인터뷰를 어렵게 통과하고 입사했다. 국내 최고의 대학에서 경영학 박사 학위를 받았고 의욕도 충만한 인재였다. 개인적 역량이 뛰어난 훌륭한 인재였으나, 자신의 주장을 굽힐 줄 모르고 동료의 의견을 귀담아듣지 않는 혼자 잘난 타입이라 왕따를 당하는, 팀워크 측면에서는 최악의 인물이었다.

컨설팅회사는 프로젝트가 생길 때마다 팀을 이루어 일하는 경우가 많고, 팀워크가 특히 중요한 조직이다. 동료들로부터 미움을 받는 그는 어떤 팀에도 끼질 못했고, 자연히 맡은 일도 적어졌다. 결국 그는 성장할 기회를 잡지 못하고 회사를 떠났다. 그리고 안타깝게도 옮긴 회사에서도 잘 적응하지 못해 몇 차례의 이직을 거듭했다. 이제 그는 어떻게 손쓰기 힘들 정도로 심하게 커리어가 망가져 버리고 말았다.

직장에서 성과를 내려면 혼자 힘으로는 한계가 있다. 상사, 팀원들과 잘 협력해서 좋은 팀워크를 이뤄야 공동의 목표에 좀 더 쉽게 도달할 수 있다.

늘 타인을 존중하고 배려하라. 상대의 단점에는 눈을 감고, 장점은 크게 받아들여라. 나와 같은 생각인 사람의 의견도 귀담아듣고, 생각이 다른 사람의 설득도 양보도 기분 좋게 해내자. 그런 당신은 어디서든 환영받고, 모두가 함께 일하고 싶어 하는 사람이 될 것이다.

사랑받는 남자가 되고 싶은가? 먼저 상대방을 배려하고 존중하라. 그러면 그들이 당신을 사랑할 것이다.
사랑받는 존재가 되라!

나도 웃고
너도 웃을 수 있어야
행복하다!

사생활이
깨끗하다

　S대학 출신으로 컨설팅회사에 다니는 조 부장을 만났다. 예전부터 모 대기업으로 옮기고 싶었는데 마침 임원 자리가 나서 서류와 면접, 인성 적성 검사와 신체검사까지 모두 통과하고, 마지막 평판 조회만을 남기고 있다고 했다. 너무나 가고 싶었던 회사 입사가 눈앞이라 그런지 조 부장은 많이 들떠 있었다.

　그런데 그저 통과의례로만 생각했던 평판 조회에서 문제가 생겼다. 전 직장에서 여성 후배와 부적절한 관계에 있었다는 사실이 밝혀진 것이다. 같은 직장에 있는 직원들이 모두 알고 있을 만큼 눈에 띄게 붙어 다녔고, 점심과 저녁도 단둘이서 갖는 경우가 많았다는 것이다. 그리고 팀장으로서 다른 팀원들도 함께 이끌어 주어야 하는데, 연애에 빠져서 오로지 그 여직원 외에는 전혀 관심이 없었다는 것까지 모두 알려졌다. 더군다나 그 둘은 유부남과 유부녀였다. 결국 조 부장의 스카우트는 없던 일이 되었다.

직장에서 승승장구하고 싶다면, 이력과 경력관리 못지않게 사생활 관리가 필수다. 부끄러운 행동을 하지 말아야 함은 물론, 기본적으로 인간관계에 항상 최선을 다해야 한다. 경력직에 대한 평가에서 평판조회는 절대 빠지지 않는다. 당신과 함께 일했던 이들의 평가를 듣고, 당신이 어떤 사람인지 파악하는 것이다. 지금 동료, 팀원들과의 관계, 협력업체와의 관계를 잘해두지 않으면 나중에 당신의 커리어를 망칠 수도 있다. 동료, 선후배와 이성적으로 부적절한 관계를 가지거나 좋지 않은 일로 엮이는 것은 물론, 잦은 유흥업소 출입까지도 당신에 대한 평판에 영향을 미친다.

　잘못이라고 할 수는 없지만, 미혼남녀의 사내연애도 가급적 알리지 않는 것이 좋다. 아직은 직장 내 연애에 대해 "하라는 일은 안 하고~"라는 식의 편견 어린 시선이 존재한다. 굳이 알려서 당신의 평가에 부정적인 영향을 줄 필요는 없다.

　사생활이 당신의 앞길을 가로막는 경우는 행동을 잘못했을 때만 해당되는 것은 아니다. 당신의 사생활이 너무 많이 알려져 있을 때도 문제가 될 수 있다. 잘못된 행동은 물론, 사생활이 지나치게 많이 노출되어도 다 걸림돌이 될 수 있다.

　여자는 남자의 사생활이 깨끗할 때 반한다. 바르게 살고, 필요 이상으로 자신을 많이 드러내지도 말아라. 사생활을 관리할 줄 아는 것도 실력이다.

인간은 타인의 약점을 통해
위안을 얻는다!

그럼에도
불구하고 한다

잡지사에 근무하는 이 대리와 박 과장에게 기획팀장으로부터 모 CEO를 섭외하라는 명이 떨어졌다. 이 대리는 지시를 듣자마자 투덜거렸다.

"그분 인터뷰 잘 안 하기로 유명하잖아요. 매스컴 노출도 싫어하고, 보나 마나 안 될 게 뻔해요. 소용없어요. 얼마나 완고한데, 그냥 다른 분으로 알아보시죠."

반면 박 과장은 이렇게 말했다.

"알겠습니다. 무슨 수를 써서라도 다음 달 기획기사로 소개할 수 있게 제가 섭외해 보겠습니다."

기획팀장은 그 CEO가 인터뷰를 꺼린다는 사실을 모르고 지시했을까? 천만의 말씀. 이 대리보다 훨씬 더 잘 알고 있다. 하지만 꼭 섭외해야 하는 이유가 있었을 것이다. 이럴 때 뻔히 아는 이유나 늘어놓으면서 불평하는 이 대리를 보며 팀장은 무슨 생각을 할까? 그리고 그와는 대비되게 반드시 방법을 찾아보겠다고 하는 박 과장을 볼 때의 마음은 또 어떨까? 두 마음이 같을 수 있을까?

"묻지도 따지지도 말고 ~~", "닥치고 ~~."

이런 말들이 유행하는 세상이지만, 일은 그렇게 해서는 안 된다. '시키니까 잔말 말고 해'라는 식의 상사나 회사를 좋아하는 사람은 아무도 없기 때문이다.

사람들은 무슨 일이 주어질 때 항상 이유를 묻는다. 자신이 이 일을 왜 해야 하는지 알아보고, 그걸 납득해야 의욕이 샘솟기 때문이다. 도무지 하는 이유를 모르겠고 재미도 없는 일이라면, 거기서 보람을 찾을 수 없으니 성과를 낼 수도 없다. 그래서 우리는 자신이 하는 일에 적절한 의미를 부여하기 위해 "왜?"라고 묻는다.

하지만 모두에게 주목받는 남자는 "왜?"에서 그치지 않는다. 그 남자는 "왜"냐고 물은 후 그 이유가 납득되면, '그럼에도 불구하고' 그 일을 해낸다. 안 되는 이유 따위가 궁금한 상사는 세상에 단 한 명도 없다는 것을 알기 때문에, 어떻게든 그 일을 해내는 데 온 정성을 다 쏟는 것이다. 그래서 그들은 성과를 낸다. 그래서 그들은 인정받고 승승장구한다. 그리고 어느 순간 그들은 저만치 앞서가고 있는 것이다.

여자는 '그럼에도 불구하고' 그 일을 해내며 성공 스토리를 쌓아가는 남자를 인정하지 않을 수 없다.
그럼에도 불구하고 해라.

하기 싫어도 해라.
감정은 사라지고 결과는 남는다!

다른 사람의
장점을 끌어낸다

외식회사 CEO인 조 대표는 업무 배치의 달인이다. 그는 성과가 나쁜 직원들이 있으면 개인면담을 해서 그가 어떤 분야에 강한지 파악한 후 그 부서로 이동시킨다. 성과가 나쁘지 않더라도 그 직원이 더 역량을 발휘할 부서가 있으면 꼭 기회를 준다. 덕분에 비서로 일하던 직원은 영업팀으로 이동해서 특유의 싹싹함과 사교성으로 탁월한 성과를 내고 있고, 영업팀에 근무하던 직원은 마케팅팀으로 가서 현장에서 들었던 고객의 목소리를 전달해 마케팅전략의 효율성을 크게 높였다.

언젠가 조 대표에게 물었다.

"직원들이 실력이 부족하면 더 잘하는 직원을 뽑으면 되는데, 힘들게 직원들을 개별 상담하는 이유가 뭐예요?"

조 대표는 이렇게 대답했다.

"사람은 누구나 장단점이 있습니다. 아무리 못난 사람도 장점이 있고, 아무리 잘난 사람이라 해도 단점이 없겠어요. 그래서 엄청나게 뛰어난 직원을 뽑아 와도 또 맘에 들지 않는 부분이 나오게 마련입니다. 그렇게 하다 보면 끝이 없어요. 원래 사람은 내가 보려고 하는 것만 보이거든요. 그래서 단점보다 장점을 최대한 발견해주고 그걸 살릴 수 있는 기회를 주는 게 리더로서의 역할이 아닐까요?."

조 대표 회사의 직원들이 조직몰입도와 충성도가 높은 이유를 알 수 있다.

후배나 동료의 부족한 점을 지적해주는 것도 중요한 일이다. 하지만 자신의 부족한 점을 모르는 사람은 별로 없다. 그보다는 오히려 자신도 모르던 숨겨진 장점을 발견하고 끌어 내주는 사람이, 단점을 지적하는 사람보다 훨씬 고맙고 기억에 남는다.

여자는 나의 단점보다 장점을 발견해준 남자에게 반하지 않을 방도가 없다.
타인의 장점에 민감해져라!

단점이 없는 사람은
장점도 없다!

두 번까지만
틀린다

"보통 두 번 실수는 안 된다고 하는데, 저는 두 번까지는 봐줍니다. 대신 세 번째 실수하면 포기하죠."

금융회사 윤 전무에게 직원관리의 노하우를 물었더니 이렇게 말했다.

"두 번까지는 봐주시고요?"

"네. 아무리 열심히 하는 사람도 두 번까지는 종종 실수하고 그러더라고요. 경험적으로 그렇더군요. 그래서 두 번까지는 봐줍니다. 그런데 세 번째 실수하는 사람은 안 봐줍니다. 세 번 실수하면 아무리 유능해도 그 일에서 제외합니다. 관심이 없다고 판단하기 때문이죠. 관심 없어 하는 사람에게는 아무 기대도 하지 않죠."

윤 전무가 단호한 목소리로 말했다.

"세 번째는 실수라고 하기 어렵지요."

내가 윤 전무의 이야기에 동감을 표했다.

"세 번 실수하는 사람은 다른 일에 투입해도 또 여러 차례 실수를 반복하다 결국은 조직을 떠나더라고요. 별로 예외가 없습니다. 그래서 저는 사람을 판단할 때 세 번 실수하느냐 안 하느냐를 주로 보고 있습니다."

윤 전무의 대답에 절로 고개가 끄덕여졌다.

사람은 누구나 실수할 수 있다. 하지만 실수를 반복한다면, 그것도 두 번을 넘어 세 번 반복한다면 결국 실력이라고 밖에 할 수 없다. 두 번 실수하지 않는 것이 가장 좋다. 그것도 어렵다면 최소한 세 번은 틀리지 않아야 한다. 세 번째 실수하게 되면 주변 사람들이 당신을 '포기'하기 때문이다.

자신의 시간과 에너지를 의미 있게 쓰고 싶기 때문이다.

똑똑한 사람은
자신의 실수로부터 배우고,
현명한 사람은
다른 사람의 실수로부터도 배운다!

술자리에서
실수하지 않는다

외국계 IT회사 연말파티 날이었다. 배불리 음식도 먹고 술잔도 적당히 돌아 다들 기분 좋게 취해 있었다. 그중 그날따라 유독 술을 많이 마신 강 대리가 갑자기 상사를 붙잡고 도가 지나친 하소연을 하기 시작했다.

"팀장님, 어떻게 저를 승진에서 물 먹이실 수가 있습니까? 제가 뭐가 그리 부족합니까? 그동안 회사 불만들 꾹 참고 그렇게 묵묵히 일해왔는데, 도대체 이유가 뭡니까?"

주변에서 취했다며 말리자 강 대리의 목소리는 점점

더 높아졌다.

"막말로 제가 여기 아니면 일할 곳이 없어서 여기 붙어있는 줄 아십니까? 사람 잘못 보셨습니다. 너무 그러지 마십시오. 저도 오라는 곳 많습니다."

파티장 분위기는 순식간에 썰렁해졌고 모든 사람들이 강 대리와 팀장의 얼굴을 번갈아 쳐다보며 어쩔 줄 몰라 했다.

직장생활을 하다 보면 회식이나 접대 때문에 술자리에 참석하게 되는 경우가 생긴다. 그때 가장 많이 하는 이야기가 "회사 밖이니까 편하게 해"이다. 하지만 절대 그래선 안 된다. 상사나 고객은 그런 편안한 분위기에서 당신이 어떻게 행동하는지, 무슨 생각을 하고, 무슨 말을 하는지, 술버릇은 어떤지 등을 모두 지켜보고 평가하기 때문이다. 눈치 없이 정말 편하게 하면, 강 대리 같은 경우를 당하게 된다.

술자리에서의 실수이니 너그럽게 봐주지 않겠냐고? 순진한 생각이다. 덕분에 주사도 심하고 뒤끝이 안 좋은 사람으로 소문이 퍼진 강 대리는 결국 몇 달 후에 회사를 그만두게 되었다.

직장인들에게 완전히 긴장을 풀어도 되는 사적인 자리는 친구나 가족을 만났을 때뿐이다. 그 외에는 다 업무의 연장이다. 점심, 저녁, 퇴근 후 회식, 접대 모두 다 업무시간이라고 생각하면 된다. 그래서 절대 흐트러져선 안 된다. 보이면 곤란할 속내를 들켜서도 안 된다. 이성 간에 불미스러운 일은 더더욱 만들어선 안 된다.

여자는 술자리에서 분위기에 맞추어 즐겁게 어울리되 긴장을 풀지 않는 남자에게 눈길이 간다. 그런 자리에서도 허튼소리를 하거나 함부로 행동하지 않는 남자라면 어이없는 일로 발목 잡히지 않는다.

술이 생각해 내는 것은 없다.
그저 떠들어댈 뿐이다!

책상 풍경도
관리한다

중건 가구회사 대표가 들려주신 이야기.

"가끔 직원들이 퇴근한 후에 빈 사무실을 둘러보는 습관이 있는데, 어느 날 한 책상에 눈길이 멈췄습니다. 재무부장의 책상이었는데 글쎄 '이직에 성공하기' 뭐 이런 제목의 책이 꽂혀 있더라고요. 기분이 묘하더라고요. 그 친구의 신입사원 입사부터 현재까지의 모습이 주마등처럼 스쳐가고, 성실하긴 하지만 아직 임원이 되기엔 아직 좀 부족한 듯해서 고참부장으로 일하게 했는데…… 아마 그게 불만이었나 봐요. 그 책을 보고 있는 최 부장을 생각하니 씁쓸하기도 하고 안쓰럽기도 하고, 아무튼 책상 위에 놓인 책 한 권 때문에 참 많은 생각을 했습니다."

지금 당신의 책상 풍경은 어떤가? 인형이나 캐릭터로 둘러싸여 있는가? 가족사진과 아이들의 그림으로 장식되어 있는가? 책상 위 책들이 나의 업무와 관련된 책인가, 아니면 소설책인가? 책상 위는 깨끗하게 정리되어 있는가? 온갖 서류와 자료들로 뒤엉켜 있는가? 당신은 당신의 책상까지도 지켜보고 있는 사람이 있다는 사실을 알고 있는가?

완벽주의자처럼 아무것도 없이 너무나도 깔끔하게 정리된 책상은 보는 이로 하여금 책상 주인이 회사에 대한 애정이나 일에 대한 열정이 있는지 의심스럽게 한다. 반대로 어지럽게 늘어져 있는 책상 역시 기밀 서류는 잘 챙겨두는지, 이렇게 정신없는 사람에게 중요한 프로젝트를 맡겨도 되는지 걱정스럽게 한다.

인형이나 자동차 미니어처? 개성을 보여주긴 좋지만 아무래도 프로페셔널한 느낌을 주지는 않는다. 업무와 전혀 관계없는 무협지나 판타지 소설? 근무시간에 일은 안 하고 이런 책이나 읽고 있는가 싶을 거다. 업무와 관계있지만 직급에 맞지 않는 책들도 문제다. 예를 들어 부장의 책상에 '엑셀의 기본', '파워포인트 따라하기' 같은 기초 업무에 관한 책이 꽂혀 있다면, 보는 이들은 그의 역량에 의구심을 갖게 된다.

당신에 대한 평가는 당신의 책상으로도 이루어진다. 개인 책상을 가지고 너무 한다고? 천만의 말씀! 회사의 책상은 당신 방의 개인 책상과는 다르다.

회사 책상은 당신이 어느 정도의 전문성을 지닌 사람인지 보여주는 또 하나의 자기표현이다. 자신을 세심하게 관리하듯 책상 역시 세심하게 관리해야 한다.

지금 당신의 책상은 어떠한가?

책상 위에서도
전문성이 엿보이게 하라!

이직으로
도망치지 않는다

Y대학 출신의 30대 초반 남자가 있다. 좋은 대학을 졸업하고, 국내 굴지의 대기업 마케팅 팀에서 사회생활을 시작했다. 하지만 그는 2년이 채 못 되어 다른 대기업으로 이직했고, 그 이후 지금까지 짧으면 6개월, 길게는 2년 만에 회사를 떠나 벌써 6번째 회사에 다니고 있다.

왜 그렇게 이직을 자주 하느냐 물으니 대답도 제각각이다. 첫 직장은 거듭되는 야근과 주말근무로 체력이 버텨질 못해서 그만뒀고, 다음엔 회사가 너무 멀어서, 그다음 회사는 원치 않는 부서에 배치되어서 떠났다고 한다.

그는 마케팅으로 시작해서 영업, 영업지원, 구매, 총무, 인사 등 많은 분야를 거쳤지만, 워낙 기간이 짧아 딱히 어느 한 분야에 전문성을 가지고 있다고 말하기도 민망한 상황이다. 결정적으로 현재는 선배들이 하는 작은 회사에 근무 중인데, 이번엔 조직이 너무 작아 다시 이직을 준비 중이라고 한다.

많은 직장인들의 새해 목표 1위가 '올해 안에 회사를 꼭 떠난다'라고 한다. 평생직장 개념이 사라지면서 이직에 대한 직장인들의 의식도 많이 달라졌다. 적절한 이직 또한 자신의 커리어 관리라고 생각해서, 부장이나 임원들도 기회가 오면 옮기겠다는 생각을 많이 한다. 실제로 조사 결과 직장인들은 평균 3년 차에 첫 번째 이직을 하고, 그 이후 3~5년에 한 번씩 평생 5-6회 이직을 하는 것으로 나타났다.

하지만 잦은 이직은 독이 되기도 한다. 기업에서 스카우트를 할 때 여전히 이직 횟수가 많지 않은 사람을 선호한다. 이직이 잦은 사람은 해당 분야의 전문성이 얕거나, 조직적응력과 충성도가 낮은 사람으로 판단하기 때문이다.

이직에는 분명한 사유가 있어야 한다. 지금 내가 이직하려는 이유가 낮은 연봉, 마음에 들지 않는 상사, 과도한 업무량 때문은 아닌지 확인해 보자. 혹시 이런 것들이 문제라면, 그건 다른 회사로 간다고 해도 쉽게 해결되지 않는다. 어차피 지금과 크게 다르지 않은 연봉을 주고, 그 회사에서도 똑같이 괴물 같은 상사가 있고, 업무량도 지금과 비슷할 것이기 때문이다. 이유가 타당한지 생각해보지 않고 마음 내키는 대로 이직을 하다가는, 거쳐온 회사가 많아 당신의 이력서에 칸이 모자라게 될지도 모른다.

이직은 발전의 계기가 되어야지 도망이 되어선 안

된다. 문제가 있을 때 그로부터 도망가는 것보다는 이겨내고 극복하는 방법을 찾는 것이 장기적으로 당신의 인생에 도움이 된다.

여자는 남자가 자신의 문제에 당당히 맞서 이기고, 그걸 계기로 한 단계 더 성장할 때 반한다.

신중하게
이직하라!

lifestyle 라이프스타일

건강한 미래를 꿈꾼다

아침을 거르지
않는다

외국계 IT 회사에 근무하는 유 상무는 40대 중반이 넘은 남성이지만 언제 봐도 에너지 넘치고 탄력 있는 모습이 20대 남성 못지않다.

"늘 어떻게 그렇게 멋진 몸매를 유지하세요?" 물었더니, "글쎄요? 아마 식사 습관 때문인 것 같은데요"라며 방긋 웃는다.

"저는 아침을 꼭 챙겨 먹습니다. 그래야 머리가 돌아가는 것 같거든요. 아침을 안 먹으면 기운도 없고, 일이 손에 안 잡혀요. 20년 이상 아침을 챙겨 먹은 것이 습관이 되어 그런 것 같아요. 계란, 과일, 견과류로 간단하게 아침을 먹고 출근합니다. 점심에는 보통 식사 약속이 많은 편인데, 주로 건강식 메뉴를 먹어요. 그리고 저녁에는 두부나 닭가슴살 요리, 샐러드 등을 먹습니다. 별거 없지요? 아침을 거르지 않고, 밀가루나 흰쌀밥 대신 건강식을 먹으려고 노력하는 것뿐이에요. 그게 제 건강의 비결입니다."

아침식사는 뇌와 신체가 깨어나 제 기능을 할 수 있도록 도와주는 역할을 한다. 잠 좀 몇 분 더 자겠다고 아침을 건너뛰면 집중력이 저하되고, 허기 때문에 점심에 폭식하게 되어 비만을 초래한다. 그러므로 아침은 절대 걸러선 안 된다.

어떻게 먹느냐도 중요하다. 탄수화물 위주의 아침식사는 쉽게 배가 고파지고 졸음이 유발되며, 지방 위주의 식사는 칼로리 과다로 체중이 불 수 있다. 그러므로 단백질 성분이 많은 식사를 해서 포만감을 높이는 것이 좋다. 다이어트에도 많은 도움이 된다.

사람의 인상은 잘생기고 못생긴 생김새보다 피부에 더 많은 영향을 받는다. 피부가 맑고 깨끗하면 생김새가 다소 부족하더라도 충분히 좋은 인상을 줄 수 있다. 피부를 좋게 하려면 건강식을 먹어야 한다. 패스트푸드나 인스턴트식품 같은 정크푸드는 피부를 망치는 지름길이다.

피부뿐만이 아니다. 건강식을 먹으면 몸도 가벼워진다. 늘 지치고 피곤하던 몸에 활기차고 상쾌한 기운이 돌게 된다. 자동차가 좋은 기름을 먹으면 성능이 좋아지듯, 사람의 몸도 좋은 음식을 먹으면 달라진다.

여자는 건강한 식습관을 가진 남자에게 끌린다. 밝고 건강한 긍정적인 에너지를 주는 사람은 누구나 만나고 싶어 한다.

아침식사로
건강을 지켜라!

적게
먹는다

"정말로 하루에 한 끼만 드시는 거예요?"

내가 놀란 목소리로 물었다. 세미나에서 우연히 옆자리에 앉은 화장품회사 박 대표의 이야기 때문이었다.

"네, 점심 안 먹은 지 한 1년 정도 됐어요."

40대 초반에 4년 만에 회사를 급성장시켜 한창 화제의 중심에 있는 박 대표가 웃으며 말했다.

"배 안 고프세요?"

내가 다시 물었다.

"처음엔 좀 힘이 들어 엄청나게 물을 마셨는데, 이제

는 익숙해져서 괜찮아요. 오히려 속도 편안하고 여유가 생겨 컨디션이 아주 좋아요. 볼록했던 배가 사라졌다고 아내도 무척 좋아하고요. 몸이 피곤한 게 뭘 못 먹어서가 아니고 먹은 음식을 소화하는데 에너지가 너무 많이 쓰여 그런 것 같아요. 요즘은 영양과잉 시대라 한 끼만 먹어도 충분하더라고요. 꼭 1일 1식까지는 아니더라도, 식사량을 좀 줄이는 것만으로도 충분한 효과가 있어요."

환하게 웃는 박 대표의 표정과 예전보다 훨씬 좋아진 피부에서 그 말이 사실임을 느낄 수 있었다.

직장생활을 하게 되면 대부분 살이 찐다. 온종일 책상 앞에 앉아있어야 하는 까닭에 운동량은 줄어드는데, 먹는 양은 똑같으니 체중이 늘 수밖에. 이렇게 몸이 불면 쉽게 피곤해지고 의욕이 떨어져 만사가 귀찮아진다. 항상 최상의 컨디션과 좋은 집중력을 유지해야 하는데, 의욕이 없으니 당연히 업무를 잘할 수 없게 되고, 회사에서도 인정받기 어려워진다. 건강도 나빠지고 능력도 떨어지게 되는 것이다.

식사량을 1/2이나 1/3로 줄여도 충분히 건강을 유지할 수 있다고 한다. 아니 오히려 건강이 더 좋아진다. 적게 먹으면 내장에 부담이 덜 가고 혈액순환이 원활해지면서, 몸은 가벼워지고 머리는 맑아진다. 피로도 사라진다. 그래서 수면시간을 줄여도 몸에 부담이 없게 될 뿐만 아니라, 새로운 세포가 생성되면서 암을 포함한 여러 질병들이 예방되고 노화도 억제된다. 몸 속 독소가 빠져나가면서 피부 또한 좋아진다.

꼭 1일 1식이나 간헐적 단식까지 할 필요는 없다. 그냥 자신의 건강상태에 맞춰 적게 먹는 습관을 가져보라. 처음부터 확 줄이면 배고픔을 이기기 힘드니, 조금씩 밥그릇 크기를 줄여나가거나, 기름기 있고 칼로리 높은 음식을 절제하고 건강식 위주로 먹는 것부터 시작해도 좋다. 적게 먹는 것에 익숙해지면 배부르다는 감각이 의외로 불쾌하다는 것을 느끼게 될 것이다.

여자는 최상의 능력을 발휘할 수 있는 최적의 몸 상태를 유지하기 위해 소식하는 남자의 자제력에 반한다.

먹기는 적게,
씹기는 많이!

SNS에 중독되지
않는다

"진 대표님, 요즘 페이스북 안 하세요?"

"네. 저 페이스북 그만뒀습니다."

가볍게 말을 걸었다가 살짝 놀랐다. 지금 나와 대화하고 있는 진 대표는 IT 기업의 경영자이기에, 페이스북은 당연히 할 줄 알았기 때문이다.

"예전에 잠깐 했었는데, 지금은 제 본연의 모습에 집중하기 위해서 안 한답니다."

"본연의 모습이요?"

"처음 페이스북을 할 때는 아주 좋았어요. 소식이 끊

겼던 친구들도 만나고, 멀리 사는 지인들과도 소통할 수 있으니까 정말 즐겁더라고요. 그래서 아침에 눈만 뜨면 페이스북을 확인하고, 일하는 중간중간 휴대폰을 열었죠. 그런데 언젠가부터 페이스북 보는 게 불편하더라고요. 뭐랄까 다들 너무 꾸민 모습만 보여주는 것 같은 느낌이 들어서요."

"아… 그러셨군요."

"아무래도 공개된 곳에 자신을 노출하는 거라서 그런지, 오가는 대화나 올리는 글들이 그렇게 순수하고 진실하게 보이지 않더라고요. 오늘은 이걸 했다, 어디서 누구를 만났다 등 남에게 보여주는 식으로 올리는 글과 사진들이 자꾸 눈에 띄니까 좀 애처롭기도 하고… 또 점점 친구들이 늘다 보니 원치 않는 접촉과 시간 투입, 감정 소모도 생기고, 해서 그냥 계정을 없앴습니다. 덕분에 지금은 아주 자유로워요."

"그렇군요. 그래도 요즘 트렌드인데 불안하거나 뒤떨어진다는 생각이 들진 않으세요?"

"트렌드는 항상 변하잖아요. 트렌드 자체를 좇는 것

보다 삶의 본질을 놓치지 않는 것이 더 중요하다고 생각해요. 안 그러면 페이스북 했다가 인스타그램이니 웨이보니 하면서 계속 옮겨 다니다 보면 아무 일도 못 하니까요. SNS는 잘 활용하면 도움이 되지만, 필요 이상 중독되면 차라리 안 하느니만 못합니다. 그것보다는 본업에 매진하는 게 중요하죠."

진 대표가 한층 힘 있는 목소리로 말했다.

SNS에 중독된 이들이 많다. 온종일 휴대폰으로 페이스북, 인스타그램에 접속해 새로운 소식을 살피고, 친구들의 소식에 좋아요를 누른다. 밥 먹을 때도 휴대폰을 손에서 놓지 못하고, 자기 전 침대에서도 마찬가지다. 그야말로 온종일 휴대폰만 들여다보는 것이다.

미국 하버드대학 연구팀은 SNS에 중독된 상태가 도박, 담배, 마약에 중독된 사람의 뇌와 비슷하다는 연구결과를 발표하기도 했다. 미국 시카고 경영대학원의 연구결과에서도 술, 담배보다 SNS 중독 정도가 더 심한 것으로 조사된 바도 있다.

SNS는 트렌드이기도 하고, 좋은 정보수집 창구이기도 하여 잘만 이용하면 분명 도움이 된다. 하지만 도를 넘어서고 본질이 흐릿해지면 결국 시간 낭비가 된다. 일해야 할 시간에 일을 하지 않는 것, 집중해야 할 때 집중하지 않는 모든 것은 그 어떤 이유를 가져다 붙여도 결국 시간 낭비다. '나는 지금 정보수집 중이야, 나는 지금 인맥관리 중이야, 노는 게 아니라고~' 이런 식으로 자기합리화를 해봐도, 그 사실에는 변함이 없다. 완전히 안 할 필요까지야 없겠지만, 필요 수준 이상의 시간을 SNS에 쏟고 있다면 조금 절제해보는 것은 어떨까?

불필요한 시간 낭비를 멀리하고 자신에게 집중할 줄 아는 남자는 압도적으로 매력적이다. 남자의 미래가 가늠되기 때문이다.

SNS는
현명하게 활용해라!

돈을 쓸 줄
안다

"대표님. 여기 옷이 조금…"

음료회사 최 대표를 만나 식당으로 이동하다 니트가 찢어진 것을 발견하고 말을 걸었다.

"아, 그렇군요. 가서 꿰매 달라고 해야겠네요. 고맙습니다."

최 대표는 잠깐 옷을 살펴보고 멋쩍은 표정을 짓더니 다시 말을 이었다.

"제가 대학원 때부터 입었던 거라, 벌써 한 15년 지났더니 이제 완전히 닳아 버렸네요. 그래도 정이 들었으니까 입을 수 있을 때까지 입다가 새 걸로 한 벌 사야겠습니다."

최 대표가 웃으며 말했다.

"좋아하는 옷인가 봐요."

"음… 저희 아버지는 평생 열심히 사업을 하셨고, 성과도 많이 내서 저희에게 많은 유산을 남겨주셨어요. 성공한 사업가셨죠. 그런데 그런 아버지도 해외여행을 다녀오신 적이 단 한 번밖에 없습니다. 그것도 소속된 협회에서 보내줬을 때 다녀오신 거예요. 그 정도로 성공하셨으면 여행차, 휴가차 다녀오실 법도 한데 늘 근검절약하셨죠. 물론 요즘은 시대가 많이 바뀌어 해외에도 다녀오고 다양한 제품이나 서비스를 경험해봐야 새로운 아이디어를 얻는 세상이 되었다는 것, 저도 잘 알고 있습니다만…. 그래도 아버지의 절약에 대한 가르침이 기억에 남아서인지 저도 아낄 수 있는 건 자꾸 아끼게 되네요."

최 대표가 다시 미소지으며 말했다.

선친으로부터 물려받은 현금 자산만 해도 상당한 40대 중반 사업가가 이런 말을 하니 좀 얄밉거나 옹색하게 느껴질 수도 있다. '저러면 인기가 없을 거야!'라든지 '돈 좀 쓰지. 죽을 때 싸 들고 갈 것도 아니면서!'라고 얘기하고 싶은 사람도 있을 것이다.

하지만 최 대표는 인기가 있다. 사람들이 진심으로 그를 좋아한다. 왜? 그는 써야 할 때는 쓰기 때문이다.

최 대표는 직원들과 식사할 때 늘 돈을 낸다. 그것도 법인카드로 내지 않고 자신의 개인카드로 낸다. 법인카드는 정식 회사 회식 때만 쓴다.

"사장이라도 법인카드 함부로 써선 안 돼요. 그냥 직원들과 편한 이야기 하려고 식사하는 거라면, 당연히 제 개인 돈을 써야죠. 그리고 법인카드 쓰는지 개인카드 쓰는지 직원들도 다 알아서, 법인카드로 사면 고마워하지도 않아요."

최 대표가 웃으며 말했다.

직원 경조사가 있을 때도 회사에서 공식적인 것 말고

꼭 개인 이름으로 꽤 큰돈을 낸다. 그래서 직원들은 회사와 사장으로부터 함께 축하나 위로를 받는다.

"직원들은 축의금이나 조의금을 개인 돈으로 내는데, 사장은 회사 경비로 쓰고 폼만 잡으면 불공평하잖아요. 이렇게 하는 게 당연한 거죠."

뿐만 아니라 어려움에 빠진 직원에게 돈을 빌려줬다는 이야기도 있다. 이 일은 최 대표에게 아무리 물어봐도 웃기만 할 뿐 절대 얘기를 안 해서 정확한 내용은 알 수 없으나, 어려울 때 최 대표의 도움을 받은 직원들이 더러 있다고 한다.

어떤 사람은 만날 때마다 돈 자랑을 하면서, 정작 돈을 내야 할 때는 모르쇠로 일관한다. 이런 사람은 아무도 좋아하지 않는다. 돈이 있어야 인기 있는 사람이 될 수 있는 건 아니지만, 돈이 있는데 쓰지 않는 사람은 절대 좋은 평가를 받을 수 없다. 꼭 그런 건 아니지만, 결국은 돈을 쓰는 것이 마음을 나타내는 경우가 많기 때문이다.

여자는 남자가 돈을 제 때에 제대로 쓸 줄 알 때 반한다. 소중한 사람들에게 인색하게 굴면, 모든 걸 잃는다. 쓸 때는 써라.

돈은
비료와 같이 뿌리지 않으면
쓸모가 없다!

직접
배운다

"지금 보는 게 전자책인가요?"

대기업 CEO 김 대표가 내 휴대폰을 보더니 물었다.

"네. 맞아요."

내가 답했다.

"그건 어떻게 하는 건가요? 무료로 보는 건가요?"

"무료도 있고 유료도 있어요. 보통은 유료책이 많죠. 보는 건 종이책과 똑같아요. 전자책 서점에서 책을 구매하고 이렇게 휴대폰 앱에 다운로드해서 보는 거예요."

간략히 설명하면서도 사실 별 기대는 하지 않았다. 전자책은 젊은 사람들도 대부분 보기 어렵다느니 사용하기 불편하다느니 하는 선입견이 있어서, 이렇게 설명해줘도 진짜 시도해보는 사람은 거의 없기 때문이다. 그런데 김 대표는 달랐다.

"어떤 앱을 설치하는 거죠?"

"구매는 어떻게 해야 하나요? 아, 신용카드 정보를 입력하나요?"

"이렇게 하면 되는 건가요? 그럼 이제 책이 다운된 건가요?"

계속 질문하는 것이다. 덕분에 그 자리에서 한참 설명하며 김 대표의 휴대폰에 전자책 앱 설치와 몇 권의 책을 다운로드해줬다.

"아! 되네요. 고맙습니다. 잘 볼게요."

얼마 후 다른 자리에서 다시 김 대표를 만났다. 그는 나를 보자마자 반갑게 인사하며 다가오더니 대뜸 휴대폰을 내밀었다.

"저, 그날 이후로 전자책 매니아가 됐습니다. 읽어보

니까 아주 좋더라고요. 이동 중 자투리 시간에도 볼 수 있고, 침대에 누워서도 편하게 읽을 수 있어서 요즘은 주변에 적극 추천 중입니다."

자랑스럽게 웃는 김 대표가 놀랍기만 했다.

보통 지위가 있는 사람들은 주변 사람들에게 자잘한 일을 시키는 경우가 많다. 비행기표 예약, 장소 예약, 정보 검색 등 모든 일들을 다 주변에 맡기다 보니 실제 할 줄 아는 게 거의 없기도 하다. 그래서 기업체 임원들이 은퇴하면 지하철도 제대로 못 탄다는 우스갯소리도 나온다. 그런데 김 대표는 달랐다. 이 전자책 사례뿐만 아니라, 평소에도 누가 좀 신기한 것, 새로운 것을 들고 오면 관심을 표하면서 얼른 배운다. 그러다 보니 김 대표는 다른 사람들과 달리 다방면으로 유능하다.

"제가 원래 이것저것 관심이 많아서요."

씩 웃으며 아무것도 아니라는 듯 얘기하지만, 어쩌면 김 대표가 성공하게 된 원동력이 이런 소년과 같은 호기심에 있지 않을까 하는 생각이 들었다.

대부분의 사람들은 나이가 들고 한 조직에 머물면서 서서히 호기심을 잃어간다. 재미없어 하는 것이다. 그 순간부터 성과도 떨어지기 시작한다. 필연적인 일이다. 그래서 일을 지속할 수 있게 하는 힘, 성과를 내게 하는 힘은 호기심이라 할 수 있다. 그러므로 계속 그런 호기심을 유지하려는 노력이 당연히 필요한 것이다.

　　호기심은 생기를 불어넣는다. 호기심이 많은 사람은 70대라도 생생히 빛나고, 호기심이 없는 사람은 20대라도 노인과 같다. 시몬느 드 보부아르도 '호기심이 사라지는 순간 노년이 시작된다'고 말하지 않았던가?

　　호기심이 많은 남자는 매력적이다. 남에게 맡기거나 시키지 않고 직접 배우는 남자는 생기를 잃지 않는다.

호기심과 오픈 마인드는
성공의 기본 마인드다!

감사일기를
쓴다

'오늘 하루도 무사히 보낼 수 있게 해주셔서 감사합니다. 오늘도 좋은 사람들과 만나 행복한 웃음을 지을 수 있게 해주셔서 감사합니다. 집에 일찍 들어와 아내와 함께 하루 일과를 이야기할 수 있게 해주셔서 감사합니다. 맛있는 점심식사를 사랑하는 동료와 함께 할 수 있게 해주셔서 감사합니다. 아침에 아이들에게 좋은 한 주 보내라며 용돈을 줄 수 있게 해주셔서 감사합니다.' 김 부장은 오늘도 잠들기 전 혼자만의 감사일기를 쓴다.

"벌써 5년 됐어요. 처음에 누군가가 감사일기를 쓰라고 권했을 때만 해도, 애들도 아니고 이 나이에 무슨 그런 걸 쓰냐며 흘려들었어요. 웃기잖아요? 일기를 쓰라니."

김 부장 역시 처음에는 감사일기가 굉장히 인위적이고 어색하게 느껴졌다고 한다.

"그런데 계기가 있었어요. 저는 원래 매사에 불만투성이였어요. 이것도 불만, 저것도 불만이어서 항상 짜증을 입에 달고 살았죠. 그런데 어느 날 갑자기 쓰러져 의식도 없이 병원 중환자실에 입원한 친구를 보고 생각이 달라졌습니다. 내가 이렇게 아등바등 사는 게 무엇 때문일까? 이러다 나도 어느 날 갑자기 큰일을 당하고, 목숨까지 잃게 되면 내 인생은 어떤 의미가 있는 걸까? 그래서 스스로 인생의 의미를 찾아보고 싶다는 생각에, 감사일기를 쓰기 시작했어요. 그랬는데 정말 신기하게도 아주 많은 것이 달라지더라고요. 알고 보니 감사할 일이 너무 많고, 알고 보니 제 삶이 정말 즐겁고 행복하다는 사실을 깨닫게 된 거죠. 정말 감사일기를 쓰고 나서 모든 게 완전히 달라졌어요. 그래서 저는 요즘 보는 사람들마다 감사일기를 쓰라고 강력히 권유하고 다닙니다. 아무리 강하게 말해도 10명 중 1명이 실제로 쓸까 말까 하지만, 아무튼 제가 너무나 큰 변화를 겪어서 주위에 권하지 않고는 못 견디는 거죠."

김 부장이 활짝 웃었다. 정말 그의 삶은 누구보다도 행복해 보였다.

감사해야 할 이유가 없는 사람은 없다. 다들 자신이 갖지 못한 것만 보느라 불행하고, 자신이 가진 것은 보이지 않아 감사하지 못할 뿐이다. 그래서 우리는 늘 무언가 부족하다고 느끼며 사는 것 같다. 조금 더 돈이 많았으면, 조금만 더 똑똑했다면, 키가 조금만 더 컸으면 하고 말이다. 하지만 자신이 가진 것, 자신이 누리는 것들을 짚어보고 하나하나 감사하기 시작하면, 내 삶이 그렇게 찬란할 수가 없다.

유치하다 생각하지 말고 진짜 감사일기를 써보자. 매

일 밤 잠자리에 들기 전, 그날 있었던 일을 돌이켜보며 감사한 일 다섯 가지를 수첩에 적어 보자. 누구에게, 무엇에, 왜 감사한 지 적다 보면 자신에게 주어진 긍정적인 면을 보게 되고 감사하는 습관이 생겨 스스로가 놀랄 만큼 달라지게 될 것이다.

자신에게 주어진 하루가 선물인줄 알고 감사할 줄 아는 남자의 삶을 대하는 태도는 여자를 반하게 만든다. 감사 일기를 써라!

감사하는 태도는
감사할 일을
더 많이 불러온다!

라떼를
말하지 않는다

정년을 맞는 오 교수에게 소감을 물었다.

"즐거워요."

의외였다. 대부분은 허무하다거나 막막하다는 얘기를 많이 하던데, 즐겁다니.

"하고 싶은 일이 무척 많았는데, 그동안은 학교에 있느라 거의 못 했거든요. 한 게 없어요. 그래서 이제 마음껏 하고 싶은 일을 할 수 있을 것 같아 기대 만발입니다."

인상적이었다. 오 교수는 학계에서 정말 많은 업적을

쌓아 누구에게나 존경받는 학자인데, 한 게 없다니. 그는 자신이 이룬 그 많은 일을 잊은 걸까?

"음… 별로 생각 안 합니다. 지금까지 이룬 것들을 자랑만 하고 앉아 있으면 뒷방 노인네가 따로 없잖아요? 그것보단 앞으로 하고 싶은 일들이 뭔지 주로 생각하는 편이에요."

오 교수가 눈빛을 반짝이며 말했다.

"정말이에요. 교수님은 '내가 예전에 말이야~' 이런 말씀 거의 안 하세요. 늘 '이런 거 한번 해보면 어떨까?'라고 하시죠. 교수님의 시야는 항상 과거보다 미래에 맞춰져 있는 것 같아요."

"맞아요. 왕년의 이야기를 하는 건 들어본 적이 없어요."

오 교수의 제자들도 한 목소리로 같은 이야기를 한다. 그렇게 많은 걸 이루었지만, 오 교수는 여전히 하고 싶은 일에 열정이 불타오르는 모양이다.

과거를 주로 얘기하는 사람은 노인이고, 미래를 주로 얘기하는 사람은 청년이라고 한다. 그래서 나이가 많아도 청년이 있고, 나이가 어려도 노인이 있다.

물론 가끔 인생을 정리하기 위해, 또는 스스로 자신감을 키우기 위해 예전에 했던 일들을 되짚어볼 수는 있다. 하지만 늘 과거의 영광에만 사로잡혀 있다면 앞으로 나아갈 수 없다. 지금까지 어떤 일을 해왔는지보다는 앞으로 무엇을 해나갈 것인가가 훨씬 중요하다. 그래서 성공을 거둘수록 그 성공에 취하지 않는 것이 중요하다. 항상 배고픔을 유지해야 하는 것이다.

남자는 과거를 이야기할 때 초라해지고, 새롭게 만들어낼 미래에 대해 이야기 할 때 빛이 난다. 여자는 빛나는 것을 좋아한다. 과거는 잊고 미래를 생각하라.

미래는 현재
우리가 무엇을 하는가에
달려 있다!

결혼생활에
만족한다

"결혼 그렇게 서두를 것 없어. 찬찬히 신중하게 생각해봐."

"결혼은 할 거면 빨리하는 게 좋아."

결혼에 대한 얘기들이다. 둘 다 진심으로 하는 이야기겠지만, 나는 이런 이야기를 들을 때마다 나름 재미난 상상을 해본다. 상대가 지금 만족스러운 결혼생활을 하고 있는지 아닌지 말이다.

결혼을 서두르지 말라고 하는 사람들은 대부분 일찍

집에 들어갈 생각을 잘 하지 않는다. 일이 일찍 끝나도 뭔가 약속을 만들어 저녁도 먹고, 술도 한잔하고, 가능한 늦게 들어가려고 애를 쓴다. 그리고 주말에도 회사에 일이 있다며 자꾸 나온다.

반면 결혼은 빨리하는 게 좋다고 하는 사람들은 회식 자리에도 오래 있지 않고 금방 일어선다. 그리고 쓸데없는 건수도 잘 안 만들며 주말에는 늘 가족과 함께 한다. 둘 중 누가 더 만족스러운 결혼생활을 하고 있는지는 안 물어봐도 뻔하다.

결혼을 서두르지 말라고 하는, 즉 결혼생활이 행복하지 않은 이들은 늘 가족 험담을 한다. 마누라가 바가지를 긁느니, 애들이 속을 썩이느니, 장인 장모가 어쨌느니 하면서 안 좋은 이야기들을 한다. 그러면 주변에서는 재미있게 듣긴 하지만 속으로 의아해한다. 왜 늘 가족에 대한 불평불만, 험담을 하는 걸까 싶어서이다.

반면 결혼을 빨리하라고 권하는, 즉 결혼생활이 행복

한 사람들은 절대 가족의 험담을 하지 않는다. 늘 칭찬하고 자랑한다. 우리 부인이 얼마나 센스가 있는지, 우리 애들이 얼마나 착한지 하면서 좋은 이야기를 쭉 늘어놓는다. 그러면 주변에서 자랑 좀 그만하라고 하지만, 그래도 속으로는 다들 흐뭇하게 생각한다.

옛날에는 결혼생활이 행복하지 않은 사람들이 계속 회사에 남아 일 중독이 되고, 결국 더 많은 성과를 내는 웃지 못할 일들도 종종 일어나곤 했다. 하지만 요즘은 다르다. 그런 식으로 워커홀릭이 되면 아랫사람들의 숨을 막히게 해서 결코 좋은 리더로 인정받지 못한다.

이제 회사 못지않게 가정에서의 시간도 중요하다는 사회적 분위기가 빠르게 형성되고 있다. 나중엔 행복한 가정을 이루지 못 하는 사람은 프로답다는 평가를 받을 수 없게 될지도 모른다.

가족들과 충분한 사랑을 나누고 가정을 행복하게 만

들 수 있는 남자는 모든 여자의 로망이다.

가정의 행복을 지켜라.

부부는 마주 보지 말고
같은 곳을 보라!

가정적이다

철강회사의 젊은 CEO 김 대표는 가정적인 분으로 소문이 자자하다. 매주 빠지지 않고 가족들과 식사하고, 여행도 다니고, 공연도 보며 시간을 보낸다고 한다. 주중에 그렇게 열심히 일하고 지치지도 않나 싶어 물어보았다.

"누적된 피로도 있을 텐데, 주말엔 좀 혼자 쉬고 싶지 않으세요?"

"네, 사실 가끔 쉬고 싶은 마음이 있기는 합니다. 그래도 주말 이틀 중 최소한 하루 정도는 가족과 보내는 게 당연하다고 생각해요. 시간이 있느냐 없느냐보다 마음가짐의 문제라 봅니다. 가령 저도 가끔 너무 피곤해서 꼼짝하기 싫은 날이 있어요. 하지만 저를 보고 좋아할 가족을 생각하면 피곤함이나 귀찮음 따위는 잊게 됩니다. 그러면 벌떡 일어나서 외출준비를 하는 거죠. 워낙 예전부터 쭉 이래 와서 그런지 당연한 제 일상이라 생각합니다. 가족과 함께 시간을 보내고 나면 몸은 좀 피곤할지 몰라도, 마음이 뿌듯해지고 가족에게서 새로운 에너지를 얻어 아주 즐겁습니다. 이런 시간을 통해 나중에 제 아이들도 가정의 소중함을 잘 기억하길 바라며, 모범을 보이려고 노력하죠."

흐뭇하게 미소지으며 대답하는 대표의 모습에서 진정한 아름다움이 느껴졌다.

'가화만사성'이라는 말이 있다. 집안이 화목하면 모든 일이 잘 이루어진다는 뜻이다. 생각해보라. 가정이 화목하지 않은데 마음 놓고 일에 집중할 수 있겠는가? 100% 몰두해도 잘 될까 말까인데, 가족끼리 관계가 소

원하고 서로 사랑으로 응원하지 못한다면 어떻게 일에서 성과를 내겠는가? 사회에서의 성공은 가정의 화목과 직결되어 있다.

여자는 가정적인 남자에게 반한다. 그들은 바쁜 중에도 시간을 쪼개 가족과 함께 시간을 보내고, 그 행복을 절대 포기하지 않기 때문이다. 일에 몰두한답시고 가정도 다 내팽개치는 워커홀릭이 성공하는 시대는 이미 지났다. 이제는 가족과 함께 행복을 나누며 지친 몸과 마음을 회복할 줄 아는 이들이 성공한다.

가정을 포기하는 이들은 결코 성공할 수 없다. 가정을 챙겨라.

행복한 가정은
비슷한 이유로 행복하고,
불행한 가정은
저마다의 이유로 불행하다!

나만의
취미가있다

컨벤션 기업을 경영하는 홍 사장의 취미는 피아노이다. 그는 벌써 십여 년째 하루에 1시간씩 집에서 피아노를 치는데, 그 순간이 너무 행복해서 온종일 쌓인 모든 스트레스가 한꺼번에 날아간다고 한다.

홍 사장은 지인들을 초대해 홈 파티를 즐기는데 그때마다 피아노 연주로 분위기를 돋운다. CEO 모임 때도 특별공연을 하는데 그럴 때마다 반응이 좋다.

그는 늘 성공의 비결로 '취미 습관'을 말한다. 일하면서 받는 스트레스를 효과적으로 해소할 수 있는 취미를 가지고 있느냐 아니냐가 무척 큰 차이를 만들어낸다는 것이다. 그래서 사소한 것이라도 꼭 '나만의 취미'를 찾으라고 강조한다.

보통 직장인들은 퇴근하면 맥주집에 가서 상사와 회사를 안주거리 삼아 한잔하며 몸을 더 축내는 경우가 많다. 주말에도 늦잠을 자거나 TV를 보며 온종일 무의미하게 보낸다. 주말 내내 각종 OTT 방송의 프로그램을 여유롭게 시청한 후 "또 월요일이구만. 이럴 수가" 하고 넋두리하며 괴롭게 잠자리에 든다. 그들의 주말은 지난주도, 이번 주도, 그리고 다음 주도 계속 똑같다.

반면 사이클, 바이크, 승마와 같은 레저 활동이나 운동, 음악, 미술, 여행 등으로 자신만의 활력소를 만드는 직장인들도 있다. 업무와 전혀 관계없는, 평상시 자신이 관심 있던 분야, 하고 싶었던 분야에 대해 알아가고 즐기면서 자신의 삶을 풍성하게 만드는 것이다. 이들의 주말은 늘 다르고 새롭다.

여자는 자신만의 취미가 있는 남자에게 매력을 느낀다. 일할 때는 온전히 몰두하고, 쉴 때는 자신이 가장 좋아하는 일을 하며 확실히 즐기는 남자에게 끌리는 것이다. 그들은 아무것도 모르는 일 중독자 같은 삶을 사는 것이 아닌 치열하지만 여유가 있는 삶을 산다.

매력적이고 싶은가? 당신만의 취미를 만들어라!

나의 루틴들은
어찌보면
모두 나의 취미생활이다!

서재가
멋지다

"자, 여기가 우리집에서 제가 가장 좋아하는 공간입니다."

양 대표가 자랑스럽게 자신의 서재를 소개했다. 주얼리 사업으로 자리 잡은 양 대표가 친한 지인들에게 저녁식사를 대접하겠다며 나와 몇몇을 집으로 초대해준 덕분에, 우리는 맛있는 식사를 즐기고 집안 곳곳을 구경하던 중이었다.

그중에서도 서재는 정말 눈에 띄었다. 양 대표의 서재에는 도서관을 방불케 할 만큼 많은 책이 꽂혀 있었고, 그와 잘 어울리는 향기를 풍기는 녹색식물도 있었다. 특히 시냇물 소리가 나는 분수대가 눈길을 끌었으며, 곳곳에 아기자기한 소품들은 서재의 분위기를 한껏 돋보이게 했다.

"정말 멋지네요? 언제부터 이렇게 꾸미신 거예요?"

내가 물었다.

"오래됐지요. 한 20년 되었을 거예요. 저는 결혼해도 자신만의 공간은 있는 것이 좋다고 생각해서, 저만의 공간으로 서재를 꾸몄어요. 책 읽고 업무 처리하는 것뿐만 아니라 제가 좋아하는 식물도 키우고 음악도 듣고 영화도 보고. 저는 많은 것을 여기서 합니다."

양 대표가 흐뭇한 표정으로 답했다.

"정말 멋져요. 이렇게 멋진 서재는 처음 봤어요."

다들 감탄사를 연발했다.

"하지만 겉모습이 다가 아니에요. 이 서재를 제가 자랑스러워하는 이유는 따로 있습니다. 저만의 보물창고인 이유 말이죠."

양 대표가 빙긋 웃으며 말을 이었다.

"꽂힌 책들을 한번 자세히 살펴보시겠어요?"

양 대표가 책장을 가리키며 말했다.

"같은 종류별로 책이 모여 있네요?"

"좋은 책이 많네요. 처음 보는 책들도 좀 있고요."

각각의 감상이 이어졌고, 우리는 눈빛으로 양 대표의 답변을 재촉했다.

"맞습니다. 같은 주제별로 책을 모아뒀어요. 대신 철저히 분류를 해뒀습니다. 제가 읽고 최고로 좋았던 책들만 같은 주제별로 모아서 꽂아둔 거예요. 읽었는데 별 감흥이 없었던 책은 다 치워버렸습니다. 이 책장은 제가 보장하는, 정말 좋은 책들로만 채워져 있는 거예요. 그러니 혹 궁금한 분야가 있다면, 여기 꽂혀 있는 책 중 아무거나 꺼내 읽으셔도 대만족하실 겁니다."

양 대표가 웃으며 말했다.

"아… 이 책들을 모두 읽으신 거예요? 그럼 안 읽으신 책은 없나요?"

"안 읽은 책은 저쪽 멀리 있는 책장에 꽂아둡니다. 그리고 한 권 한 권 읽으면서 좋은 책은 이쪽으로 옮기고,

안 좋은 책은 치우고 그러죠."

"그렇군요."

양 대표가 자신의 서재에 충분히 자부할 만했다.

자신만의 공간은 정말 중요하다. 가장 편안한 컨디션을 유지하며 치열한 생존전략과 경쟁력에 대해 연구할 수 있는 공간이 있어야 성장할 수 있기 때문이다. 그래서 서재가 필요하다. 꼭 호화롭게 꾸밀 필요는 없다. 크든 작든, 화려하든 수수하든, 책이 많든 적든 자신이 가장 편안히 사색에 빠질 수 있는 혼자만의 공간이 있는 것만으로 대단한 심리적 자산이 된다.

여자는 자신만의 공간에서 내일을 준비하는 남자의 미래를 기대한다. 이런 기대감을 주는 남자는 여자를 설레게 한다.

나만의 공간을
만들어라!

미래를
상상한다

모임에 나갔다가 외국계 회사에서 마케팅 임원을 하는 30대 후반의 남성을 만났다. 그는 성공한 선배로서 조언해달라는 후배들에게 이런 이야기를 들려주었다.

"저는 처음 회사생활을 시작할 때 5년 후, 10년 후 이루고 싶은 목표를 구체적으로 적고, 되고 싶은 저의 모습도 그렸습니다. 신입사원으로 입사했을 때 상상한 5년 후 나의 모습은, 1년에 2차례 정도 해외여행을 하고, 50권 이상의 책을 읽고, 음악회나 뮤지컬, 오페라 등의

문화공연을 10차례 이상 보는 것이었습니다. 그리고 차는 국산 중형차를 타고, 강남에 혼자 독립해서 살면 좋겠다고 생각했죠.

10년 후 모습은 세월이 흘러도 탄탄한 몸매와 한층 자신감 있는 미소를 지닌 마케팅 임원이었어요. 겸손하고 따스하면서 성숙한 인격을 지닌 사람, 1년에 100권의 책을 읽고 배움의 끈을 놓지 않는 부지런한 사람이 되고 싶었죠.

어떻게 그렇게 자세히 기억하느냐고요? 당시 이 내용을 적었던 수첩을 얼마 전에 우연히 발견했기 때문이죠. 그때 이런 생각을 했구나 하면서 굉장히 재미있게 읽었어요.

그런데 더 재미있는 게 뭔지 아세요? 그때 그렸던 5년 후, 10년 후 이미지가 실제 저의 모습이 되었다는 겁니다. 제가 신입사원 때 상상했던 모습들이 대부분 실현된 것이죠. 놀랍지 않나요?"

자신의 미래를 상상하는 것은 어린아이들한테나 통

하는 유치한 방법이 아니다. 시각화(Visualization)는 성공한 자신을 미리 머릿속으로 그리고 상상하면서, 긍정적 자기 암시를 통해 결국 실제로 이루어낼 가능성을 높여주는 효과가 입증된 테크닉이다.

마음속에 그려 놓은 당신의 미래는 어떤가? 만일 아직 구체적인 그림을 그리지 않았다면, 당신이 목표로 하는 직위에 있는 사람들의 이미지를 그려보자. 그것이 CEO라면 그 모습을 상상하자. 그리고 당신의 상상에 연봉도 더하고, 타고 싶은 자동차나 살고 싶은 집도 보태보자. 당신의 미래 외모도 좋다. 최대한 구체적으로 상상해보자.

우리 몸은 참 신비해서 눈을 감고 상상만 해도 실제 내부 근육이 어느 정도는 진짜 운동을 할 때와 비슷하게 움직인다고 한다. 마찬가지로 미래에 대해 구체적으로 시각화하고 상상을 거듭하다 보면, 자신도 모르게 조금씩 그 모습을 향해 다가가게 되는 것이다.

여자는 늘 자신의 미래를 상상하고 계획하는 남자와의 미래를 꿈꾼다.

당신의 미래를 상상하라!

미래는
그 가능성을 보는
사람들의 것이다!

다른 사람의 꿈을
응원한다

"박 차장님, 저 회사 그만두고 창업해볼까 합니다."

"갑자기 무슨 소리야? 이봐 신 대리, 회사나 잘리지 말고 열심히 다녀."

"김 상무님, 저 회사 그만두고 창업해 볼까 합니다."

"그래? 오래 생각해오던 일이야? 아이템이 뭔데? 이야~ 아주 좋아 보이는데! 많이 고민하고 결정한 거지? 신 대리는 이 분야에 대해 잘 아니까 멋지게 해낼 수 있을 거야. 기대되네. 회사를 떠난다니 아쉽지만, 더 좋은 모습으로 또 만나면 되지. 내 도움이 필요하면 언제든 연락해."

"회사나 잘리지 말고 열심히 다녀"라고 말했던 박 차장은 몇 년 후 열심히 다녔던 회사에서 잘려 한참을 쉬다, 그 소식을 접한 신 대리의 도움으로 그를 대표님으로 모시며 총무팀에서 일하고 있다. 신 대리의 꿈을 응원했던 김 상무는 여전히 승승장구, 업계를 대표하는 전문가로 탄탄히 자리매김하고 있다.

사람들은 남을 비판하고 꼬투리를 잡는 데 초능력을 가지고 있다. 누가 자신의 꿈을 이야기했을 때 그게 이루어질 수 없는 이유쯤은 앉은 자리에서 100가지도 넘게 댈 수 있다. 하지만 어리석은 짓이다. 그렇게 남의 꿈을 비웃어 봤자 자신이 성장하는 게 아니기 때문이다. 그들이 비판한 꿈의 주인공은 그들의 놀라운 비판적 지성에 감탄하고 존경심을 표할까? 아니다. 그들의 비아냥에도 아랑곳하지 않고 스스로의 꿈을 붙잡고 크게 성장해 나갈 것이다. 결국 시간이 흐르면 초라해지는 건 그들 자신뿐이다.

여자는 남의 꿈을 비웃거나 무시하지 않는 남자와 함께 하고 싶어한다. 그도 오래전에 지녔던 꿈 하나만을 붙잡고 오늘에 이르렀을 것이기 때문이다. 성공하는 이들에겐 거창한 꿈을 꾸는 후배들이 전혀 허황되거나 가소로워 보이지 않는다. 남의 꿈을 비웃는 사람은 꿈꿔본 적이 없는 이들뿐이다.

당신은 어떤가? 남의 꿈을 비웃지 마라!

내가 꿈을 이루면
나는
누군가의 꿈이 된다!

당신은
어떤 사람인가요?

지금까지 열심히 이성 친구를 만들고자 소개팅도 받아보고, 데이팅앱, 결혼정보회사를 통했는데도 잘 되지 않아 상처받고 있다면 지금 당장 그만둬라. 직장을 갖기 위한 최선의 노력을 다 하고 있는데도 잘 되지 않는다면 역시 잠시 멈추어라.

당신이 무슨 문제가 있는 것이 아니라, 아직 준비가 충분치 않았거나 방향 설정이 잘못되었거나 전략이 미비한 것일 수 있다. 잘못된 방식으로 계속 시도하다 보면 마음의 상처만 입고 자존감마저 떨어지게 된다. 그러다 결국은 포기하게 된다. 잠시 숨을 고르자.

최근 몇 년간 투자 광풍이 불었다. 너도 나도 재테크에 열을 올리며 영혼까지 끌어 모아 투자하는 것이 유행이었다. 그때 지금까지 열심히 일해 번 돈을 아무런 지식이나 정보도 없는 상태에서 주변에서 추천하는 종목과 상품들에 투자했다가 많은 손해를 입고 속상해했다. 그러다 알게 되었다. 주식이든, 부동산이든 투자에 성공한 사람들은 그것에 능하기 위해 오랜 시간을 공부하고 실행해 보고 성공과 실패를 거듭하며 자신만의 기본기가 쌓인 사람들이라는 것을. 단번에 아무런 노력도 없이 투자에 성공할 것이라는 나의 믿음은 망상에 가까운 것이었다는 것을.

그리고 묻고 싶었다. 재테크를 위한 투자는 그렇게 열심히 하는데 왜 자신을 위한 투자에는 시간과 돈을 쓰지 않느냐고. 입시, 취업, 승진을 위해서 말고, 나를 위한 어떤 새로운 도전도, 공부도 하지 않고 어떤 희생도 감내하기 싫어하면서 남보다 앞서고 인정받고 싶어하는 것 또한 내가 아무런 노력도 하지 않은 채 투자에 성공하려 했던 것과 같이 허황된 것은 아닐지.

많은 사람들이 오늘도 자신의 스펙 향상을 위해 행복은 내일로 미루어둔다. 힘들게 스펙과 업무 능력, 호감형 외모도 갖추었지만, 자신이 정작 좋아하는 일이 무엇인지, 뭐에 관심 있었는지도 모른 채 험난한 세상에서 살아남기 위해 자신을 몰아쳐간다. 그러다 어느 날 갑자기 번아웃을 맞이하기도 한다. 눈앞의 스펙 쌓기에만 열을 올리다 보니, 정작 나는 들여다보지 못한 경우다. 포장이 근사해 기대하면서 포장을 풀어보니 속이 부실한 선물상자와 같다고나 할까.

이들에게 묻는다. 당신은 누구냐고? 당신은 어떤 사람이냐고? 그들은 이러한 질문에 답하기를 어려워한다.

세상을 반하는 하는 사람들은 결코 겉포장만 그럴싸하지 않다. 그런 경우가 있다 해도 오래가지 못한다. 그들은 비법이 아니라 기본으로 승부하기 때문이다. 기본이 탄탄하지 않은 집에 급하게 지붕만 올린다 해서 완성되지 않는다.

이 책의 항목들은 시간이 지나도 변하지 않을 기본기다. 지금 당신이 숨고르기 중이라면, 내가 놓치고 있는 기본은 무엇인지 살피고 그것들을 내재화하는 과정이 필요하다.

책만 읽는다고 당신의 삶이 달라지지 않는다. 그것을 실천할 때 내 것이 된다는 것을 잊지 말자. 그때, 흐릿해진 당신의 고유한 색이 선명하게 드러나게 될 것이다. 나만의 색이 선명하게 빛날 때 세상을 마주한 당신은 그들을 반하게 만들 것이다.

이제 꽉 들어찬 선물 상자에서 귀한 선물을 꺼내듯 당신을 소개할 수 있기를 바란다.

김소진

이 책을 효과적으로 활용하는 법

상대에게 호감을 얻고, 인정받기를 원하는가. 이 책의 내용에 고개만 끄덕이고 지금까지 해온 것처럼 행동한다면 아무런 의미가 없다. 지금 당신이 어떤 항목을 가장 먼저 실행해 보고자 선택했을지, 또 그것을 실천해 나갔을 때 당신에게 어떤 변화가 생길지 무척 궁금하다.

내가 실천하고자 하는 것을 체크하여 꼭 필요하다고 생각되는 한두 개라도 실천하는 것이 이 책이 전달하고자 하는 핵심이다.

나의 커뮤니케이션, 스타일, 비즈니스,
워크, 라이프에 대한 자가 진단 리스트

'나는 지금 잘 하고 있는가?'

어떤 것들을 나에게 적용하고 실천하면 더 좋아지고 성장할 수 있을지 궁금한가? 지금 바로 커뮤니케이션, 스타일, 비즈니스, 워크, 라이프 5항목을 체크해보자.

현재 나의 커뮤니케이션은 어떤가?

	커뮤니케이션 체크 항목	그렇다	해 보겠다
1	목소리가 밝고 활기차다		
2	기분 좋게 물어본다		
3	말을 놓지 않는다		
4	오래 듣고 짧게 말한다		
5	말을 쉽게 한다		
6	솔직하게 말한다		
7	빈말을 하지 않는다		
8	전화 매너가 빈틈없다		
9	리액션을 잘한다		
10	상대에게 집중한다		
11	SHOW를 잘한다		
12	이야깃거리가 많다		
13	화낼 상황에도 칭찬한다		
14	내가 무엇을 원하는지 안다		
	나의 커뮤니케이션 체크 결과는?		

이 중 무엇을 가장 먼저 해보겠는가?

현재 나의 스타일은 어떤가?

	스타일 체크 항목	그렇다	해 보겠다
1	매력있고 섹시하다		
2	패션 센스가 좋다		
3	드로즈 속옷을 입는다		
4	손톱이 깔끔하다		
5	구두가 깔끔하다		
6	늘 밝고 아름답다		
7	운전 매너가 좋다		
8	스토리가 담긴 물건이 있다		
9	나이듦을 즐긴다		
10	메모하는 습관이 있다		
11	그냥 한다		
12	낄끼빠빠를 안다		
13	독서에 진심이다		
14	정리정돈이 잘된다		
15	의미를 소중히 한다		
	나의 스타일 체크 결과는?		

이 중 무엇을 가장 먼저 해보겠는가?

현재 나의 비즈니스는 어떤가?

	비즈니스 체크 항목	그렇다	해 보겠다
1	휴대폰 연락처 저장법이 다르다		
2	사전조사를 한다		
3	언제나 반듯한 명함을 준비한다		
4	활기차게 인사한다		
5	미팅 후 소감을 전한다		
6	이메일, 짧게 쓰고 빠르게 답한다		
7	과감하게 거절한다		
8	눈빛이 살아있다		
9	상대가 먹고 싶은 걸 시킨다		
10	기다릴 줄 안다		
11	계산하는 모습도 다르다		
12	통화 가능한지 묻는다		
13	같은 선물을 한다		
14	판을 잘 읽는다		
15	운을 만든다		
	나의 비즈니스 체크 결과는?		

이 중 무엇을 가장 먼저 해보겠는가?

현재 나의 워크는 어떤가?

	스타일 체크 항목	그렇다	해 보겠다
1	면접 준비도 철저하다		
2	SNS도 철저히 관리한다		
3	몰래 일한다		
4	미리 끝낸다		
5	회사의 브랜드와 나의 가치를 착각하지 않는다		
6	묵직하고 진중하다		
7	무시하지 않는다		
8	혼자가 아니라 함께 한다		
9	사생활이 깨끗하다		
10	그럼에도 불구하고 한다		
11	다른 사람의 장점을 끌어낸다		
12	두 번까지만 틀린다		
13	술자리에서 실수하지 않는다		
14	책상 풍경도 관리한다		
15	이직으로 도망치지 않는다		
	나의 워크 체크 결과는?		

이 중 무엇을 가장 먼저 해보겠는가?

현재 나의 라이프는 어떤가?

	라이프 체크 항목	그렇다	해 보겠다
1	아침을 거르지 않는다		
2	적게 먹는다		
3	SNS에 중독되지 않는다		
4	돈을 쓸 줄 안다		
5	도움 되는 일은 직접 배운다		
6	감사일기를 쓴다		
7	라떼를 말하지 않는다		
8	결혼생활에 만족한다		
9	가정적이다		
10	취미가 있다		
11	나만의 쉼터인 서재가 있다		
12	미래를 상상한다		
13	다른 사람의 꿈을 응원한다		
	나의 라이프 체크 결과는?		

이 중 무엇을 가장 먼저 해보겠는가?

이 중 내가 선택한 가장 먼저 실천해보고 싶은 TOP3는?

1.

2.

3.

여자는 남자가 이럴 때 반한다

© 김소진, 2024

초판 1쇄 발행 2024년 4월 3일

지은이 김소진
펴낸이 이경희

발행 글로세움
출판등록 제318-2003-00064호(2003.7.2)

주소 서울시 구로구 경인로 445(고척동)
전화 02-323-3694
팩스 070-8620-0740
메일 editor@gloseum.com
홈페이지 www.gloseum.com

ISBN 979-11-86578-00-1 13320